6歳児から使える
ワークブック1

発達障害の子の気持ちのコントロール

中京大学現代社会学部教授 **辻井正次**【監修】
NPO法人アスペ・エルデの会【編】
明翫光宜＋飯田 愛＋小倉正義【著】

合同出版

はじめに

　発達障害者支援法が 2004 年に成立し、発達障害の子どもたちに対する支援が社会的に進められるようになりました。08 年に「障害者の権利に関する条約」を批准し、13 年に障害者差別解消法を成立させ、新たな社会の在り方を目指して、2016 年に改正発達障害者支援法が施行されています。

　発達障害は、生来の脳の非定型発達によって生じ、多くの人たちが成長の中で当たり前にできること（適応行動）が自然にパッとできないために、日常生活を送るうえでの困難があり、社会の中での何らかの支援を必要とする状態をいいます。

　ただ、自然にパッとできなくても、その時その時にどういう適応行動をしていけばいいのか、うまくいくコツを身につけていくことで、発達障害があっても、日常生活をより楽しく過ごし、なりたい自分の未来に向けて歩んでいくことができます。発達障害があっても、その人たちなりの仕方で自立し、就労していくことができるようになってきています。

　1992 年、杉山登志郎先生、石川道子先生と辻井の 3 人を中心にして、東海地区で協力して取り組むことができる専門家たちと、発達障害の子どもを持つ保護者たちと一緒に、子どもへの支援の仕組みを作ろうと、アスペ・エルデの会を設立しました。当事者団体の強みを活かし、総合的な発達支援の構築や情報発信に力を入れてきました。また、大学生のための実践研修としてのボランティア・スクール（2 年課程）は 20 年近く運営しています。

　このシリーズの著者たちは、学生時代から当会のボランティア・スクールをはじめ、いろいろな活動に参加してきた若手の臨床家や、毎年実施している愛知県日間賀島での夏の研修合宿のプログラム・ディレクターとしてかかわっている一線級の専門家たちです。

　これまで、アスペ・エルデの会で開発してきた発達支援のためのプログラムをワークブックとして発行してきましたが、それを実際に子どもと取り組んできた著者たちが、あらたなプログラムを加え、より使いやすく書籍化した本がこのシリーズです。「感情のコントロール」、「社会的行動や交渉」、「性と関係性の教育」、

「こだわり行動の調整」、「感覚過敏への対応」、「自己理解」といったテーマごとで、展開をしていきます。アスペ・エルデの会発行のワークブック（http://www.as-japan.jp）と併せてご利用ください。

　発達障害は、科学的には「治る」ことはありません（将来、治療的なモデルが出てくる可能性はあります）。まずは、発達障害とともに生きていく子どもたちがより生きやすくなるために支援することが大切です。

　子どもたちが障害に起因する難しさに直面しても、その一つひとつについて、「こうすればいいよ」という選択肢を知り、そのなかで「できること」に取り組むことができれば、大きな問題は生じません。そのためには、「こうすればいい」「できること」、つまり、うまくいくコツ＝スキルを教えていくことが必要です。

　さまざまなスキルを身につけていくことで、どうしていいかわからないものを、対応可能なものにしていくことができれば、子どもたちはより生きやすくなります。知識があってもうまくいかないことはありますが、知識があった方が対応しやすくなるのは確かです。

　このシリーズで紹介するスキルは、あくまでも「ひな型」です。本を読んでそのままやればその通りにいくということはありません。それでも「ひな型」を知っていることで、保護者にとっても子どもたちにとっても取り組みやすくしていくことができます。

　また、一つのスキルを覚えたら、そこから自分らしいものに拡げていくことが大切です。実際に、「ひな型」をどう展開していくか知りたい場合には、当会の夏合宿などにご参加ください。

　学校において、特別支援学級や通級指導教室だけではなく、通常の学級での指導の中でも、家庭でも、いろいろな形で取り組んでいただけるとありがたく思っております。実際に取り組んでみて、感じたことや、課題などがまた見つかるようでしたら、アスペ・エルデの会にご意見を寄せていただけましたら幸いです。

中京大学現代社会学部教授
NPO 法人アスペ・エルデの会 CEO・統括ディレクター
辻井正次

はじめに

この本の使い方

01	自分の気持ちを知ろう	7
02	いい気持ちとはどんな気持ちか知ろう	11
03	怒りとはどんな気持ちか知ろう	15
04	不安とはどんな気持ちか知ろう	19
05	気持ちを表情や態度で表そう	23
06	自分の気持ちを言葉にしよう	27
07	気持ちと体の関係を知ろう	31
08	小さい不安、小さい怒りに気づこう	35
09	困ったことを言葉にしよう	39
10	気持ちをスイッチしよう	43
11	気持ち日記をつけよう	47
12	自分のできることリストを作ろう	51
13	呼吸で気持ちをコントロールしよう	55
14	筋肉で気持ちをコントロールしよう	59

15	イメージで気持ちをコントロールしよう	63
16	怒りをコントロールしよう	67
17	怒りのスイッチを見つけよう	71
18	怒りのサインをキャッチしよう	75
19	怒りの強さをキャッチしよう	79
20	不安をコントロールしよう	83
21	不安のスイッチを見つけよう	87
22	不安のサインをキャッチしよう	91
23	不安の大きさをキャッチしよう	95
24	さまざまな考え方を知ろう	99
25	自分の考え方のクセを知ろう	103
26	自分のためになる考え方をしよう	107

参考文献

この本の使い方

この本の各項目は、大人が指導のポイントや解説部分をよく理解したうえで、子どもと取り組めるよう、次のような構成になっています。

指導のポイント

……ワークに取り組むときに、子どもに伝えたいポイントや指導上の注意点などを解説しています。

こんなときはどうする？

……項目のテーマに関連して、よくある疑問や想定される場面をQ&A形式で解説しています。

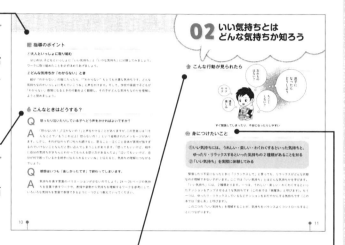

こんな行動が見られたら

……日常でよくある行動の例をあげました。こんな行動に思い当たることがあったら、項目のワークをやってみましょう。

身につけたいこと

……ワークを通して、この項目で学びたい「ねらい」です。

ワーク1・2

……子ども自身が記入していくワークです。一人では判断が難しいこともあるので、大人のサポートが必要です。ワーク部分をコピーして学校の授業に応用することもできます。

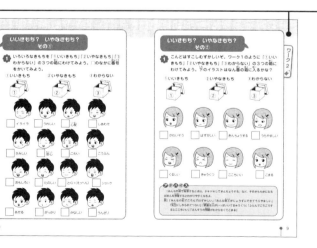

子どもの状態は一人ひとり異なります。大事なポイントがわかったら、引き続きよい方向へのスキルアップを積み重ねていけるよう、その子に合わせて、日常生活の場面ごとにスキルを応用して学びを広げてください。

01 自分の気持ちを知ろう

こんな行動が見られたら

気持ちが表現できず、かたまってしまう　　自分の気持ちとは反対の表情をしてしまう

身につけたいこと

① 「いい気持ち」と「いやな気持ち」があることを知る
② 感情は言葉で表現できることを知る

　自分の感情を認識し、言葉にすることは、人間関係を築くうえでとても重要なスキルです。例えば、友だちと言い争いをして怒った拍子に相手をドンと押してしまう子どもがいます。相手の行為に対して、自分が怒っているということに気づき、「いやだ」や「やめて」などと言葉で伝えられるようになると、この種のトラブルが減っていきます。また、気持ちが表現できずにかたまってしまう子どもは、困っていても表現できずにただ泣くばかりといった場面が多くなります。気持ちをコントロールする力を育てるために、まずは自分の気持ちを知るトレーニングからはじめましょう。

いいきもち？ いやなきもち？ その①

1 いろいろなきもちを「①いいきもち」「②いやなきもち」「③わからない」の3つの箱にわけてみよう。□のなかに番号をかいてみよう。

いいきもち？　いやなきもち？
その②

1 こんどはすこしむずかしいぞ。ワーク1のように「①いいきもち」「②いやなきもち」「③わからない」の3つの箱にわけてみよう。下のイラストはなん番の箱に入るかな？

①いいきもち　　②いやなきもち　　③わからない

☐ かわいそう　　☐ はずかしい　　☐ きんちょうする　　☐ うらやましい

☐ くるしい　　☐ きゅうくつ　　☐ ここちいい　　☐ こまる

アドバイス

「みんなの前で発表するときは、ドキドキしてきんちょうする」など、そのきもちになるばめんを想像するとわかりやすくなるよ。

例)「みんなの前でころんではずかしい」「みんな図工がじょうずにできてうらやましい」「先生にしかられてつらい」「教室は人がいっぱいいてきゅうくつ」「ふとんでごろごろするとここちいい」「さんすうの問題がわからなくてこまる」

ワーク2

指導のポイント

①大人といっしょに取り組む
　はじめは、子どもといっしょに「いい気持ち」と「いやな気持ち」に分類してみましょう。ワークに取り組めたことを必ずほめてあげましょう。

②どんな気持ちか「わからない」とき
　絵が「わからない」の箱に入ったら、「"わからない"もとても大事な気持ちです。どんな気持ちなのかいっしょに考えていこうね」と声をかけます。そして、学校や家庭で子どもが「わからない」感情になるときの行動をよく観察し、その子がどんな気持ちなのかを理解しようと努めましょう。

こんなときはどうする？

Q 怒ったり泣いたりしている子へどう声をかければよいですか？

A 「怒らないの！」「泣かないの！」と声をかけることがありますが、この言葉には「（そんなことで／もうこれ以上）怒らないの！」という省略されたメッセージがあります。しかし、それが伝わらずに叱られ続けると、怒ること・泣くこと自体が表現が強すぎるのでいけないことなんだと思い込んでしまうことがあります。「怒ってもいいけど、相手に自分の気持ちがきちんとわかってもらえる怒り方があるんだよ」「泣いてもいいけど、自分が何で困っているかを相手に伝えられるといいね」と伝えると、気持ちの理解につながるでしょう。

Q 感想はいつも「楽しかったです」で終わってしまいます。

A 気持ちを表す言葉のバリエーションが少ないのでしょう。24〜25ページの気持ちを言葉で表すワークや、表情や姿勢から気持ちを理解するワークを参考にして、いろいろな気持ちを言葉で表現できるように一つひとつ教えていってください。

02 いい気持ちとはどんな気持ちか知ろう

こんな行動が見られたら

すぐ緊張してしまったり、不安になったりしやすい

身につけたいこと

①いい気持ちには、うれしい・楽しい・わくわくするといった気持ちと、ゆったり・リラックスするといった気持ちの2種類があることを知る
②「いい気持ち」を実際に体験してみる

　緊張したり不安になったときに「リラックスして」と言っても、リラックスがどんな状態なのか理解できない子がいます。ここでは「いい気持ち」とはどんな気持ちかを学びます。

　「いい気持ち」には、2種類あります。一つは、うれしい・楽しい・わくわくするといったテンションをアップさせるような気持ちです（この本では「興奮系」と呼びます）。もう一つは、ゆったり・リラックスしているなどテンションをおだやかにする気持ちです（この本では「安心系」と呼びます）。

　この二つの「いい気持ち」を理解することが、気持ちをバランスよくコントロールすることにつながります。

いいきもちには2種類あるよ ちがいがわかるかな？

ワーク1

うれしい／たのしい／わくわく

ゆったり／落（お）ちついている

1 うれしいとき・たのしいときはどんなとき？
じぶんにあてはまるものに○をつけよう。

☐ ゲームをしているとき

☐ おかあさん・先生（せんせい）からほめられたとき

☐ マンガをみているとき

☐ おいしいものをたべたとき

2 きみはどんなことをしているときに安心（あんしん）できるかな？
じぶんにあてはまるものに○をつけよう。

☐ おふろに入（はい）ったとき

☐ お気（き）に入（い）りの場所（ばしょ）で休（やす）んでいるとき

☐ ねているとき

いいきもちを体感しよう

1 ゆったりできることはなにか、かんがえてやってみよう。

例
- だいすきなココアでゆったりティータイム
- おふろにつかってゆったり♪
- ぽかぽか日のあたる校庭でひなたぼっこ

2 じぶんがどんなときにいいきもちになるかを、おもいだしてみよう。

どんなときに「うれしい」？	どんなときに「たのしい」？	どんなときに「安心する」？

・_____	・_____	・_____
・_____	・_____	・_____

おとなの方へ

ワークへの取り組みをきっかけに興奮系（うれしい・楽しい・わくわくする）と安心系（ゆったり・リラックスする）という2種類のいい気持ちを学校生活や家庭生活の中で実際に意識できるようになることが目標です。とくに安心系のいい気持ちは、「今、ゆったりしている」「こんなとき安心だな」と自分で気づいていくことが大切です。自分はこんなときにゆったりしている、リラックスしているということを伝えることができるように、大人が気づきを促してみてください。

指導のポイント

①興奮系の感情は導入の学習として

「うれしい」や「楽しい」は多くの子どもが体験したことがあるわかりやすい感情です。理解しやすいところからはじめると、子どももよい気分でスタートでき、今後の学習もスムーズにいきます。

②安心系の感情の教え方

「体の力が抜けて、ゆったりしているのは、"心は安全だよ"と体が教えてくれているということ。怖いという感じはないでしょう？」と確認したり、「それが、安心ということだよ。心配とか不安とか危険とかと反対の気持ちなんだよ」などと、体の感覚から教えるとよいでしょう。

こんなときはどうする？

Q リラックスはどう教えればいいですか？

A 温泉や音楽鑑賞など、大人にとってリラックスすることは欠かせないことですが、子どもたちは意外にリラックスや安心という気分の状態が実感を持ってわかりにくいようです。教えるときは、お風呂に入っているときや、ふかふかのふとんに入るときなど、体も気持ちもリラックスできそうな実際の感覚を思い出させるとよいでしょう。「お風呂に入っているときどんな感じかな？　いい気持ち？　いやな気持ち？」と問いかけます。

Q 子どもの気持ちが前向きになるにはどうサポートすればいいの？

A 「ぼく・私は○○ができている・がんばれている」と、子ども自身が自己肯定感を持つことができれば気持ちは前向きになっていきます。子どもが日常生活の中ですでにできているところを「ちゃんと○○やれているね」と普段から声をかけましょう。心の中で思っているだけではなく、必ず声に出してほめましょう。

03 怒りとは どんな気持ちか知ろう

🏛 こんな行動が見られたら

怒りの気持ちで相手を叩いたり、場に合わないような暴言を吐いたりしてしまう

❀ 身につけたいこと

①怒りとは何かを知る
②怒りとのつき合い方の基本を知る

　怒りは、抱いてはいけない気持ちではありません。「自分が大事にされていないかもしれない」ことを教えてくれる大切な気持ちです。ここでは、怒りの気持ちを「イライラ君」というキャラクターに仕立てて学んでいきます。イライラ君とうまくつき合うポイントは怒りを「ため込まない」こと、「爆発させない」ことです。最終的な目標は、怒りの気持ちを言葉にできるようになることです。そのために、クールダウンをする方法と、気持ちを上手に相手に伝えるコツを学びます。

15

怒りたいきもちの正体は イライラくん

ワーク1

1 イライラくん（怒り）がからだに入るとどうなるかな？
□に○をかいてみよう。

肩・うでは？	心臓は？	呼吸は？
☐ 力が入っている	☐ ドキドキする	☐ はやい
☐ 力がぬけている	☐ しずか	☐ おそい
☐ かわらない	☐ かわらない	☐ かわらない

2 イライラくんはきみになにをつたえたいのだろう？
イライラくんのセリフをかんがえてみよう。

①失敗してみんなにわらわれた
②わかっていることを注意された

イライラくんに気づいたら きもちをきりかえよう

1 イライラくんは熱いお湯とおなじです。熱いお湯をかけられるとやけどしてしまうように、そのまま怒りをぶつければ、あいてはきずついてしまいます。

① あなたは熱いお茶を飲むときはどうしますか？

② おなじようにきもちの温度を下げるためにどうすればいいか、かんがえよう。

例 熱すぎるおふろは、そのままだと入れない！

水をたせばきもちよくおふろに入れるね。

2 きもちをきりかえる方法をかんがえてかいてみよう。たくさんかんがえておくといいよ。

例 イライラくんがいることに気づく

ひとりになってきもちをきりかえる

指導のポイント

①怒りはそのままぶつけない（言葉にする）

　怒りをそのまま行動で示せば暴力になります。自分を傷つけても、相手を傷つけてもいけません。怒りをそのまま言葉にすると、暴言になります。怒りをそのままぶつけ続ければ、本当はどうしてほしいかが伝わらないまま友だちにも嫌われるし、最終的には自分はダメな人間だと落ち込むことが多くなります。少しでも落ちつかせて、自分の気持ちを上手に伝えられれば、「自己主張」という表現に変化させることができます。

②怒りはいったん冷ます（クールダウンする）

　クールダウンとは怒りの温度を下げるという意味です。怒りを爆発させてうまくいくことはほとんどありません。まずクールダウンできることが重要です。怒りが爆発する寸前にいきなりクールダウンしようと思ってもできるものではありませんので、普段、落ち着いているときに練習しておきます。

③小さな怒りをため込まない（息を吐いたり、力を抜く）

　小さな怒り（プチイライラ）もため込むといずれ大きくなり爆発します。小さな怒りからクールダウンしていきましょう。簡単なクールダウンの方法を二つ紹介します。
　一つ目は、息を吐くことです。4秒ぐらい、できれば口をすぼめて細く長く息を吐きます。二つ目は、力を抜くことです。肩の筋肉にいったん力を入れて、そこから息を吐きながら力を抜きます。大人が子どもといっしょにやってみるとよいでしょう（55～62ページ参照）。

こんなときはどうする？

Q 物を投げたり、叩いたりする子にはどう対応したらいいのですか？

A 投げたり叩いたりなどの乱暴な行動をとったときには、まず周りの子や危険な物などを遠ざけることが大切です。そして子どもが少しずつ落ち着いてきたら、リラクセーションをいっしょに行ないます。リラクセーションの方法は55～62ページで紹介しています。子どもが少しでも取り組めたらすぐにほめます。その後、どんな気持ちだったか、つぎからどうしたらよいかを話し合いましょう。

04 不安とは どんな気持ちか知ろう

こんな行動が見られたら

不安ばかりが先に立ち、問題などに対処できない

身につけたいこと

①不安とは何かを知る
②不安とのつきあい方の基本を知る

　不安とは「"何か"に困っていてどうしよう」という気持ちです。逆をいえば、「"何か"問題に対処・解決しなければいけない」状態であるという自分の体や心からのメッセージと考えてよいでしょう。年齢の低い子どもの場合、自分だけで対処できることは少なく、多くは大人（親や先生）や友だちの助けをもらって解決します。周囲の助けを借りながらも、「いやな気持ちを減らすことができた！」という体験の積み重ねが、不安な気持ちを自分でコントロールしていくための基礎になります。
　ここでは、子どもにわかりづらい不安という気持ちを「ソワソワ君」というキャラクターとともに、不安の気持ちと上手につきあい、おさめていく方法を学んでいきます。

不安なきもちの正体はソワソワくん

ワーク1

1 ソワソワくん（不安）がからだに入るとどうなるかな？
じぶんにあてはまるところに○をかいてみよう。

肩・うでは？	心臓は？	呼吸は？
☐ 力が入っている	☐ ドキドキする	☐ はやい
☐ 力がぬけている	☐ しずか	☐ おそい
☐ かわらない	☐ かわらない	☐ かわらない

2 ソワソワくんはきみになにをつたえたいのだろう？
ソワソワくんのセリフをかんがえてみよう。

①どうやって発表すればうまくいくかわからなくて不安

②教室に入るのが不安

アドバイス

だれでも不安をまったく感じずにすごすことはできません。不安があっても、チャレンジしたり、乗りこえるための工夫をみつけたりするなかでいろいろなことを学ぶことができるのです。このワークでは、不安があってもうまくコントロールしながらつきあっていけること、また、それでじぶん自身も成長できるということをしろう。

ソワソワくん（不安）をどうしてあげればいいかな？

1 ソワソワくんは大きくふくらんだ風船とおなじです。空気のぬきかたをしらなければ、風船は大きいまま。もしかしたらどんどん大きくなっていくかもしれません。
ゆっくりと空気をぬいて小さくできるといいですね。

① ソワソワくんをコントロールするコツがわかる
→ 大きくなった不安のきもちを落ちつかせられるようになります。

② ソワソワくんをコントロールするコツがわからない
→ 不安のきもちがどんどん大きくなっていく。

2 リラックスする方法をかいてみよう。たくさんかんがえておくといいよ。

例

ソワソワくんがいることに気づく

深呼吸をしてきもちをきりかえる

指導のポイント

①不安を学ぶ前に……

　不安な気持ちについて勉強すると、いやなことを急に思い出す場合もあります。ワークの合間に休憩やリラクセーションを入れながら進めることをおすすめします。リラクセーションには、呼吸、筋肉をゆるめる、安心できることをイメージする、などの方法があります（55〜66ページ参照）。

②不安は小さくすることができる

　一度、強い不安を感じるような体験をすると、「次にまた同じようなことが起きるのでは……」と、新しい課題にチャレンジすることを避けてしまいがちです。一度失敗しても次またがんばればよいこと、不安をやわらげる方法があるということを子どもに教えてあげてください。子どもに合った方法が思いつかないときは、臨床心理士、精神科医などの専門家に相談するとよいでしょう。

こんなときはどうする？

Q　不安になってはいけないのですか？

A　不安は人間の自然な気持ちです。自分が今困っているということを教えてくれる大切な気持ちです。ただその場でかたまったり、パニックになるほどの大きい不安や、状況にそぐわないほど強く不安を感じるときは、その気持ちをコントロールする必要があります。

Q　不安でかたまる子どもにどう対処すればよいですか？

A　まずは、周囲が「子どもが何をどうすればよいかわからず困っている状態」であることに気づいてあげることが大切です。もしその状態に気づいたら、例えば「では、いっしょに先生のところに行ってみようか。どうすればいいか聞いてみようね」など大人といっしょにできる行動からスタートします。最終的には周りの信頼できる人に自分でSOSを伝えることができるようにしましょう。

05 気持ちを表情や態度で表そう

こんな行動が見られたら

相手の感情を表情で読みとれない

身につけたいこと

①感情に合った表情や態度を覚える
②表情や態度で相手に感情を伝える

　私たちは、他者とコミュニケーションをとるときに、言葉だけで気持ちを伝えているのではありません。表情で「あなたの話を真剣に聞いています」というメッセージを伝えたり、態度によって「今、疲れています」と相手にそれとなく示したりして、気持ちを伝えています。表情や態度と気持ちの関係を知っていると、自分の状態を相手に伝えることができるだけではなく、相手の気持ちや状態を理解できることにもつながります。表情や態度は、道路でいう信号や標識のようなものです。いろいろな標識を知っていることで人間の「気持ち」を理解することができます。

23

この子はどんなきもちかな？

1 絵のなかの子がどんな顔でなにをしているのかをみて、この子がどんなきもちかをかんがえよう。
例にならって、絵ときもちを線でむすんでみよう。

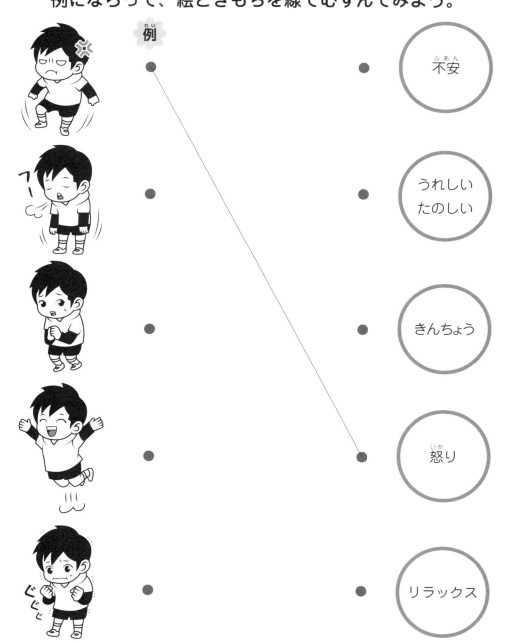

きもちがかわると顔がかわるよ

例

 きもちにあった表情を下の顔にかきこもう。

うれしい   こまった   かなしい

カッとした   イライラ   不安

アドバイス

わたしたちは、じぶんのきもちをことばだけではなく、表情や声のトーン、しせい、目の動きなどとともにつたえています。これらのことば以外のメッセージはことば以上にその人のきもちをつたえているといわれています。ことば以外のメッセージは、あいてのきもちをしるためのてがかりにもなります。ふだんから家族、ともだち、先生などの顔をみて、あいてのきもちをかんがえてみてください。これらのことば以外のメッセージを「ノンバーバルコミュニケーション」といいます。

指導のポイント

①気持ちが相手に伝わりやすい方法がある

　不安や不満、怒りなどを「怒鳴る」「暴れる」という行動で示す子がいます。これらの行動は相手に困っていることが伝わりにくく、さらに困った状況を引き起こしてしまいます。自分の気持ちを適切に伝えるためにも、「○○の気持ちのときにはこんな表情や行動をするとよい」という基本形を学んでおくとよいでしょう。

②実際に体を使って表現してみましょう

　24 ～ 25 ページのワークを参考に、実際に子どもたちに「○○のときの体の状態（もしくは表情）」を体験させます。落ち着いている状態のときに、イライラ・不安・リラックスなどの言葉と表情・行動の関係を学ぶことが大切です。

こんなときはどうする？

Q 本当は不安なのに怒ってしまう子にはどう対応すればよいですか？

A 不安による情動や身体感覚が引き金になって、怒ってしまう子がいます。まずは落ち着かせることが大切ですが、少し落ち着いたところで、「本当は困っているんじゃないの？」と問いかけてみましょう。「さっきのやり方だとあなたが困っていることが伝わらないから、どうすれば助けてもらえるかいっしょに考えてみよう」と、適切な支援の求め方も併せて教えるとよいでしょう。

Q 友だちに対して近づきすぎてしまう子への対応は？

A 泣いたり怒ったりしている相手に対して、そっとしておけばよい場面なのに、気になってぐっと近づきすぎてしまう子がいます。気持ちと表情・姿勢を学ぶことは、相手の状態を理解することにもつながります。ワークを通じて、「こういうときどうしてあげるといい？」「○○くんは今こういう気持ちみたい」と、友だちの気持ちに応じたかかわり方を学ぶきっかけにしましょう。

06 自分の気持ちを言葉にしよう

こんな行動が見られたら

うまくいかないと、パニックになったり、かたまってしまう

身につけたいこと

①気持ちを表す言葉を学ぶ
②自分の気持ちをわかってもらえる言葉を覚える

　自分の気持ちをコントロールしたり、相手に理解してもらうためには、それを「言葉」で表現できるようになることが必要です。
　気持ちに適した言葉を選んで表現することで、周囲の大人に助けを求めたり友だちと気持ちを共有したりする場面で、円滑なコミュニケーションがとりやすくなるでしょう。
　はじめのうちは、周囲の大人が、「それだと○○な気持ちになってうれしいね」「それだと○○な気持ちになってつらいよね」などと、言葉をかけてあげましょう。また、本人が理解できている気持ちから言語化していきます。

ワーク1

いろんなきもちをおもいだそう

1 じぶんが経験(けいけん)したことのあるきもちに○をつけてみよう。ほかにもいいきもち、いやなきもちがあるか、かんがえてみよう。

むずかしいきもちについてかんがえてみよう

1 下の絵をみて、きもちをあらわすことばをかんがえてみよう（ヒント：くやしい・うらやましい・あこがれ・とくいげ）。

ワーク2

① ② ③ ④

アドバイス

きもちをあらわすことばにはたくさんの種類があります。じぶんのなかからわきあがってくるきもちもあれば、だれかにきもちを動かされることもあります。くやしい、うらやましいというむずかしいきもちは「○○ができなくて、くやしかった」というように実際の体験とむすびつけて、理解していけるといいね。

指導のポイント

① 「うれしい」と「いや」からはじめる

自分の気持ちがわからない子でも、うれしい（快）といや（不快）はわかりやすいものです。そこからはじめ、少しでも言葉にできたらほめてあげてください。次の段階で、28 ページのワーク 1 のように、「うれしい」と関連している「まんぞく」など、より気持ちにフィットした言葉を使う練習をしましょう。

②絵を使うとわかりやすい

やや複雑な気持ちは、気に入っている絵本やマンガなどの絵を用いて学習をしてもよいでしょう。その場面と同じ気持ちになる状況が現実に生じたときに「あのマンガで勉強した気持ちと同じだね」とふり返りましょう。

こんなときはどうする？

Q 「どんな気持ち？」という問いかけに答えられない子にはどうしたらいいですか？

A まだ自分の気持ちを、自分で理解して言葉にできない段階です。「○○な気持ちだったのかな？」と気持ちを言葉にしてあげましょう。うなずく（Yes）、首をふる（No）、首をかしげる（わからない）という反応だけかもしれませんが、そんなやり取りからはじめてください。つぎに、さまざまな気持ちの名前を書いた「気持ちカード」や、表情を絵に表した「表情カード」を使い、いくつかの候補の中から言葉を選ぶステップに移ります。

Q 気持ちを言葉にしたがらず問題行動を起こす子への対応は？

A 不安や怒りなどのネガティブな気持ちほど、言葉にしにくいものです。暴力などの問題行動が生じたときは、本人が落ち着いてから、どうすればうまくやれたかを話し合うのが原則です。リラクセーションの対処スキルを教えるとともに、子どもがそのときどんな気持ちだったのかを、周囲で見ていた大人が「さっきは○○な気持ちだったんじゃない？」と言葉にして伝えてあげるとよいでしょう。

07 気持ちと体の関係を知ろう

こんな行動が見られたら

イライラしていることや、気持ちがたかぶっている自分に気づいていない

身につけたいこと

①気持ちと体の状態はつながっていることを理解する
②自分の体の感覚に気づく

　気持ちと体はつながっています。不安なときは、きっと心臓がドキドキし、呼吸が速くなり、肩に力が入り、声が震えています。怒りの場合も同じく、呼吸は速くなり、肩に力が入り、声が震えたり、大きくなります。

　一方で、リラックスしているときはどうでしょうか。心臓のドキドキは気にならなくなり、呼吸はゆっくりとしていて、肩の力が抜けています。人は、心臓がドキドキし、呼吸が速く、肩に力が入り、声が震えているときに、リラックスした気持ちにはなれません。

　自分の体の状態を認識できれば、今は「不安なんだな」「リラックスできているな」と自分の気持ちも理解することができます。

じぶんのからだは どうなっているかな？

ワーク1

1 イライラしているとき、ソワソワしている（不安な）ときのからだのようすについて、そうだとおもうものに○をつけよう。

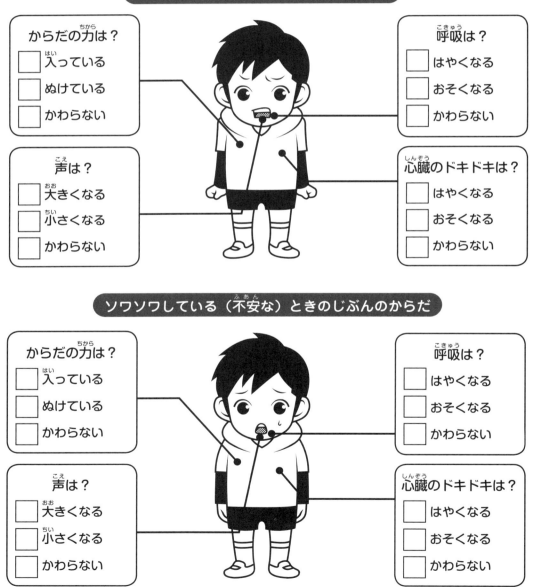

イライラしているときのじぶんのからだ

からだの力は？
- [ ] 入っている
- [ ] ぬけている
- [ ] かわらない

呼吸は？
- [ ] はやくなる
- [ ] おそくなる
- [ ] かわらない

声は？
- [ ] 大きくなる
- [ ] 小さくなる
- [ ] かわらない

心臓のドキドキは？
- [ ] はやくなる
- [ ] おそくなる
- [ ] かわらない

ソワソワしている（不安な）ときのじぶんのからだ

からだの力は？
- [ ] 入っている
- [ ] ぬけている
- [ ] かわらない

呼吸は？
- [ ] はやくなる
- [ ] おそくなる
- [ ] かわらない

声は？
- [ ] 大きくなる
- [ ] 小さくなる
- [ ] かわらない

心臓のドキドキは？
- [ ] はやくなる
- [ ] おそくなる
- [ ] かわらない

リラックスしているときのからだのようすは？

1 リラックスしているときのからだのようすはどうなっているかな。ワーク1とおなじように、そうだとおもうものに○をつけよう。

ワーク2

リラックスしているときのじぶんのからだ

からだの力（ちから）は？
- [ ] 入（はい）っている
- [ ] ぬけている
- [ ] かわらない

呼吸（こきゅう）は？
- [ ] はやくなる
- [ ] おそくなる
- [ ] かわらない

声（こえ）は？
- [ ] 大（おお）きくなる
- [ ] 小（ちい）さくなる
- [ ] かわらない

心臓（しんぞう）のドキドキは？
- [ ] はやくなる
- [ ] おそくなる
- [ ] かわらない

アドバイス

きもちとからだはつながっています。きもちが不安（ふあん）になれば、からだも不安モードになります。きもちそのものはかえることはむずかしいのですが、からだのモードをリラックスモードにかえることは練習次第（れんしゅうしだい）でだれでもできるようになります。だから55～66ページの呼吸（こきゅう）や筋肉（きんにく）、イメージなどのリラックス方法（ほうほう）を学（まな）んで、じぶんがリラックスできるテクニックをたくさん身（み）につけよう。

おとなの方へ

怒りや不安がおさまるまでは、本人がリラックスでき、静かに落ち着ける環境に移動することが大切です。息をゆっくり吐き、できるようなら肩の力をグッと入れて息を吸い、そのあと肩の力を抜きながらフーッと吐きます。ほかに「楽しいイメージを浮かべる」「気分を切り替える言葉をつぶやく」などのクールダウンがあります（55～66ページ参照）。

指導のポイント

①気持ちと体がつながっていることを教える

　イライラ、ソワソワ、リラックスの3つの気持ちを対比してみるとよいでしょう。イライラ・ソワソワしているときと、リラックスしているときの体の状態がほぼ正反対の関係になっていることを、子どもたちに発見させると、より理解が深まります。

②気持ちを変えることはむずかしいが、体のモードは変えられる

　怒りや不安でいっぱいなときに、気持ちをリラックス状態に切り替えるのは大人でもむずかしいことです。体の状態が「イライラ・ソワソワモード」から「リラックス」に切り替わると、気持ちも次第に落ち着き、体も心もおだやかで安心した状態へと変わります。実際に、子どもといっしょに呼吸を速くしたり遅くしたりしてみましょう。「5秒だけ速い呼吸をしてみよう。気持ちも緊張してくるよ。……今度はブレーキをかけてゆっくりにしてみよう。気持ちもリラックスしてくるよ」と声をかけ、子どもに「気持ちが自分でコントロールできること」を体験してもらいましょう。

こんなときはどうする？

Q 体の感覚がわかりにくい子にはどう教えればいいの？

A 呼吸の速い・遅い、筋肉の緊張・弛緩（緩んでいる状態）のどちらか、わかりやすい感覚からはじめるとよいでしょう。筋肉の緊張・弛緩がわかりにくい子どもの場合は、大人が実際にやってみせます。筋肉の緊張は力を入れてかたくし、弛緩は脱力してブラブラした状態にしましょう。「こういう状態が緊張だよ。先生だとこうだけど○○君はどう？」「これがリラックスだよ。体はどうなっているかな？」と問いかけて、筋肉が緊張したりゆるんだりすることを教えます。

Q なぜ体のコントロールが大切なの？

A 呼吸が速い・遅い、筋肉が緊張している・ゆるんでいるなど、体にはモードがあります。これらは、自分でコントロールできる（＝変えられる）ものだからです。体の状態をある程度コントロールできるという感覚を積み重ねることが大切です。

08 小さい不安、小さい怒りに気づこう

こんな行動が見られたら

イライラが重なって最終的に爆発させてしまう

身につけたいこと

①感情は段階的に変化することを知る
②小さいレベルの不安や怒りに気づく

　気持ちのコントロールがむずかしい子どもはよく、「怒りや不安が0（まったくない）か100（最大の強さ）で真ん中がない」と訴えます。しかし、人間の感情は段階的に変化し、必ずその間に小さなレベルの不安や怒りがあります。これまでそれに気がつかなかっただけだということを教えるところからスタートします。消火でたとえるならば、小さい火のうちならば安全に早く消すことができるように、小さなレベルの不安や怒りに気がつけば、リラクセーションや気分転換がうまくできるようになります。
　不安や怒りに大きい・小さいのレベルがあることがわかったら、どの段階で気分転換やリラクセーションを行なうとよいかを確認しましょう。

35

イライラくんやソワソワくんは いつあらわれる？

ワーク1

1 きみのイライラくんはどんなときにあらわれるかな？
そのとき、イライラのつよさはどのくらいかな？

例）ともだちにいやなことをいわれたとき・しゅくだいがたくさんでたとき・おかあさんにしかられたとき・きゅうしょくにきらいなものがでたとき

			どんなとき？
5		がまんできない!!	
4		ムカー！	
3		イライラする	
2		ちょっと気になる	
1		ぜんぜん平気	

2 きみのソワソワくんはどんなときにあらわれるかな？
そのとき、ソワソワのつよさはどのくらいかな？

例）時間割がかわったとき・しらない人に道をきくとき・ひとりでおるすばんしているとき・みんなの前で発表するとき

			どんなとき？
5		ソワソワがとまらなくてこわい	
4		すごくソワソワ	
3		ソワソワする	
2		ちょっと気になる	
1		ぜんぜん平気	

36

ちょっとイライラと ちょっとソワソワをみつけよう

1 きみがちょっとイライラ（小さな怒り）したのはどんなときだったかな？　どうやって解決したのかもかんがえてみよう。

どんなことでちょっとイライラする？	そのときどうする？
例）お絵かきに失敗した	→ ひと息ついて休けいしたら気にならなくなった
	→
	→
	→
	→

2 ちょっとソワソワしたこともおもいだしてかいてみよう。解決したのはなぜかもかんがえてみよう。

どんなことでちょっとイライラする？	そのときどうする？
例）日記の発表がこわい	→ おかあさんにつたえて、いっしょに練習したら心配が小さくなった
	→
	→
	→
	→

37

指導のポイント

①怒りや不安は爆発する前に

　爆発寸前のパンパンの風船から空気を抜こうするとパーンとはじけるように、どれだけ有効なリラクセーションや気分転換でも、爆発寸前の怒りや不安に対してはあまり効果的に作用しません。「爆発したら対処する」のではなく「小さい怒りや不安をいかに見つけられるか」を目標としてください。

②暴力は最大の怒りと教える

　友だちを叩く・蹴るという暴力行為は、常に最大のレベルの怒りとして教えることが重要です。なかには自分の怒りを叩いたり蹴ったりする強さで表現する子どもがいます。暴力は許されない行為なので、別の表現があることを教える必要があります。

こんなときはどうする？

Q 「急にキレる」子どもたちにどう接すればいいですか？

A 小さな怒りが放置されて、常にイライラした状態なのかもしれません。あるいはキレやすい子は意外に不安も強いことが多いのです。小さな怒りや不安のうちにその都度解消していきましょう。また、深呼吸やその場所から離れるなど子どもができる気分転換の方法を伝え、いっしょに試してみましょう。もしうまくいかなかったとしても、試せたこと自体を必ずほめるようにします。

Q 「小さな不安・怒り」をどう気づかせればよいですか？

A 小さな不安・小さな怒りは、大人でもなかなか気がつきにくいものです。自分ではどれだけふり返っても発見できないことが多いので、大人が子どもの様子をよく観察し、「○○ちゃんは、怒り３のときは□□（行動・表情）になるよ」と自分で気づけるようになる言葉かけをしましょう。

38

09 困ったことを言葉にしよう

こんな行動が見られたら

困っていることが伝えられず「やりたくない」「きらい」と表現してしまう

身につけたいこと

①気持ちを言葉で伝えることのメリットを理解する
②困った場面で気持ちを伝えて助けを得られるようにする

　子どもは、つらいとき、心配になったときに、イライラして相手にあたってしまうことがしばしばあります。また、本当はどうしたらよいのかわからずに困っているのに、うまく言葉で表現できずにだまってしまったり、「やりたくないから」「めんどうだから」と言ってしまう子も少なくありません。これでは自分が本当は困っているということが相手に伝わりません。適切なサポートをしてもらうためにも、気持ちを言葉にして相手（とくに大人）に伝える練習が必要です。

　自分で助けを求めることがむずかしい子には、事前に「もし困ったら○○のときに（タイミング）、△△（具体的な言葉）と言ってね」と教え、段階的に"伝える力"を伸ばしていきましょう。

きもちはどうすれば うまくつたわる?

ワーク1

1 心配なときやこまったときは、どうすればつたわるかな？ただ「できません」「わかりません」だけでは、なににこまっているのかがまわりの人にはうまくつたわらないよ。
「○○ができないから（△△はわからないから）おしえてください」というのがうまくつたえるコツだよ。

◎けしごむをわすれてともだちにかりるとき

2 怒りを感じたときに、つたえかたがちがえば、状況はもっとよくなることがあります。なぜ、イライラしたのかな？本当はどうしてほしかったのかな？

◎夕飯がたべたいものではなかったとき

きもちをつたえる ことばをしろう

1 こまったばめんで「うまくいきそうなことば」には○を、そうでないことばには×をつけよう。ほかにも「うまくいきそうなことば」をかんがえて空らんのふきだしにかいてみよう。

- ☐ おしえてください
- ☐ てつだってください
- ☐ わかりません
- ☐ できません
- ☐ もうやりたくない

2 イライラするばめんで「うまくいきそうなことば」には○を、そうでないことばには×をつけよう。ほかにも「うまくいきそうなことば」をかんがえて空らんのふきだしにかいてみよう。

- ☐ おしえてください
- ☐ てつだってください
- ☐ ムカつく
- ☐ できません
- ☐ もうやりたくない

指導のポイント

①最初は子どもができていることから

ネガティブな気持ち（不安・怒り）ほど、言葉で表現しにくいものです。最初は、学校や家庭でがんばっていること・できていることを話題にしましょう。「○○ができるようになってうれしいね」「○○がうまくいっていると楽しいね」と、ポジティブな気持ちを表現する練習をしましょう。

②暴力や物にあたらずに、言葉で表現できたことをほめる

「イヤだ」「ムカつく」などの表現をしたときは、（まだ十分な表現ではないものの）「言葉で伝えられるようになってえらいね」と評価しましょう。その後、「どのくらいイヤなの？」「どのくらいムカついたの？」からはじめ、「何があったの？」「どうしたかった？」と表現を促せるとよいでしょう。

こんなときはどうする？

Q 今までできたことを「できない」「やりたくない」と言うようになったのですが。

A 突然、「できない」「やりたくない」と子どもが言うと、「何で!?」と怒りたくなります。本来できるはずのことでも、少し不安になると子どもはできる気がしなくて「できない」と表現することがあります。「できるかどうか心配なんだよね？　大丈夫。いっしょに手伝うよ」とフォローしてください。

Q 大人もいっしょにイライラしてしまうときにはどうすればいい？

A 子どもの不安・怒りにつき合うとき、つい大人もその不安や怒りの影響を受けてしまいます。大人がまず落ち着いて、子どもの話を聞きながら対応していくと、子どもも次第に落ち着いてきます。大人が落ち着くためのコツは、子どもと言い合おうとしたとき、ため息でもいいので息を吐くことです。少し力が抜けて心にゆとりが生まれます。

10 気持ちをスイッチしよう

こんな行動が見られたら

気持ちの切り替えができず、いろいろ考えて眠れない

身につけたいこと

①気持ちは変えられることを知る
②いやな気持ちを転換できるようにする

　海は波が来ても必ず引いていきます。熱いお風呂も時間がたてばぬるくなります。それと同じように、イライラしてカッとなったり、いやな気持ちが押し寄せてきても、しばらく待てばおさまっていくのです。カッとなっても、暴れたりするのではなく、まずはひと呼吸待てるようになることが大切です。
　もし、いやな気分になっても、大人はおいしいものを食べたり、音楽を聴いたり、テレビを見たり、周囲に愚痴を聞いてもらったりして、気分転換をすることができます。同じように、本人が好きな趣味やキャラクターを利用したりして、子どもに合った気分転換の方法をわかりやすく教えてあげましょう。

ワーク1 かわりやすいものと、かわりにくいものがあるよ

1 1日になん回もかわるものはかわりやすいものです。
1カ月以上かわりにくいものはかわりにくいものです。
どちらかに○をつけて、なぜそうおもうかをかんがえてみよう。

例 じぶんの名前	かわりやすい / ⦿かわりにくい⦿	例 じぶんの呼吸のはやさ	⦿かわりやすい⦿ / かわりにくい
	りゆう 名前をかえるのは役所や裁判所で手続きをしなくてはいけない		**りゆう** 走ったあとははやくなるし、深呼吸はゆっくりになる
通っている学校	かわりやすい / かわりにくい	じぶんのからだの力の入りぐあい	かわりやすい / かわりにくい
	りゆう		**りゆう**
天気・気温	かわりやすい / かわりにくい	じぶんの表情	かわりやすい / かわりにくい
	りゆう		**りゆう**
じぶんの家の住所	かわりやすい / かわりにくい	じぶんのきもち	かわりやすい / かわりにくい
	りゆう		**りゆう**

いやなきもちはかえられるよ

1 じぶんのよいところ・がんばっているところをあらわすことばを「ポジティブワード」というよ。「ポジティブワード」をつぶやくと、いやなきもちが小さくなるよ。

2 じぶんのポジティブワードをみつけてつぶやいてみよう。じぶんのよいところ、がんばっているところをまわりのおとなにきいてもいいよ。

アドバイス

　イライラしたり不安になるようなことを「ストレス反応」といいます。ストレスは毎日いろんなばめんにあり、だれにでもあらわれます。でもストレス反応は「かわりやすい」のがとくちょうで、じぶん次第で小さくしたりなくしたりすることもできます。「ポジティブワード」はストレスを小さくしていく魔法のことば。じぶんだけのとっておきのことばを覚えておくといいですね。ポジティブワードがうかばないときには52～53ページのワークも参考にしましょう。

45

指導のポイント

①「変わりやすい・変わりにくい」表は、会話をしながら完成させる

44 ページの「変わりやすい・変わりにくい」対比の表は子どもに書いてもらいます。そして、一つひとつ「それはなぜ変わりやすい（変わりにくい）んだろう？」と確認していきましょう。正答とずれた解答のときは大人といっしょに修正します。とくに「気持ち」「体の力」「呼吸」など、子ども自身の気持ちやそれに伴う体の感覚は特性上わかりにくので、大人が具体例を示してあげるとよいでしょう。

②変わりやすいを「変えられる」に

変わりやすいということは、自分で工夫をすれば「変えられる」ということです。例えば「のどが渇いたら？」→「水を飲む」ことでのどが渇いた状態を変えることができます。「寒いと思ったら？」→「セーターを着る。こたつに入る」でもかまいません。「変えられる」ことがある場合をいくつか確認した後で、「ではイヤな気分になったらどうするかな？」と問いかけます。すると「変える」という言葉が返ってくることでしょう。具体的な変え方を教える前に、「気分は変えられる」ものなのだという認識を子どもに持たせることが重要です。

こんなときはどうする？

Q 気持ちは変えられることを実際に体験して教えたいのですが、どんな方法がありますか？

A 子どもに「イヤな気分になったらどうしている？」と問いかけてみてください。いろいろな答えが出てきます。どんな答えでも否定しないことが大切です。大人は「そういう考えもあるよね」と子どものアイデアを受けとめて「もっと安全に、そして確実にうまくいく方法があるけど学んでみる？」と伝えてみてください。子どもが関心を示したなら、56 〜 57 ページの呼吸法、60 〜 61 ページの筋弛緩法、64 〜 65 ページのイメージを利用したリラクセーションへと段階的に試しましょう。

11 気持ち日記をつけよう

こんな行動が見られたら

自分の体験を言葉で表現することが苦手

身につけたいこと

①日記で1日をふり返り、その場面の自分の気持ちを理解する
②いろいろな種類の気持ちを言葉で表現する

　これまで気持ちの種類、気持ちを表す言葉、気持ちは変えられること、言葉で表現できると気持ちもコントロールできるようになることを学んできました。しかし、一度学んだだけでは身につかないため練習が必要です。今日起こった出来事と、そのとき自分がどんな気持ちになったのかを書く「気持ち日記」をつけましょう。子ども自身の「行動」と「気持ち」、それを表現する「言葉」がお互いに関連しながら身についていきます。
　もし怒りや不安の話題が日記に書かれていたら、「今度またイライラ（ソワソワ）したときや、いやな気持ちになったときには教えてね」などとコメントし、どう対処するといいかを子どもといっしょに考えましょう。

きょうのじぶんのきもちを おもいだしてみよう

ワーク1

1 1日のできごとをふりかえり、「なにをした」ときに「どうおもった」（＝どんなきもちになった）かを、下の表をみておもいだしてみよう。

ふりかえりのヒント

いつ？	
	例 なん時に、○○のとき、あさ / ひる / よる
どこで？	
	例 家（○○くんの家）、学校、お店
だれと？	
	例 ともだち（○○ちゃん）、家族（おかあさん）
なにをした？	
	例 ○○をしてあそんだ、○○をたべた、ほめられた、○○を読んだ
どうおもった？（○をつけよう）	うれしい　たのしい　おもしろい　はずかしい
	かなしい　つまらない　こわい　がっかり
	怒る　むずかしい　うらやましい　おどろく
	こまる　わかる　さむい / あつい　心配

48

いやなきもち退治日記をつけてみよう

ワーク2

1 「かなしい」「不安」「怒り」「落ちこんだ」などのいやなきもちになってしまったけど、そのきもちを退治したときのことをおもいだしてみよう。

> うまく退治できなくてもいいんだよ。きょうはだめでもつぎはどうするかかんがえておこう。

いつ？	
	例 なん時に、○○のとき、あさ / ひる / よる
どんなことがあった？	
どんなきもち？	
	例 怒った / むかつく、こまった / 不安、かなしい / ざんねん
きもちをスイッチするためにしてみたこと	
	例 呼吸法、筋肉をゆるめる、イメージ、ポジティブワード
きもちのつよさはどうなった?	100点中（　　　）点から→（　　　）点
つぎにためしてみたいこと	
	例 呼吸法、筋肉をゆるめる、イメージ、ポジティブワード

アドバイス

「きもちをスイッチするためにしてみたこと」や「つぎにためしてみたいこと」は、[10]（44 ～ 45 ページ）、[13]（56 ～ 57 ページ）、[14]（60 ～ 61 ページ）、[15]（64 ～ 65 ページ）を参考にしてみてください。

おとなの方へ

日記にしてふり返ることで、自分の体験とそのときの気持ちが少しずつつながり、感情を表現したりコントロールする感覚が身についてきます。日記に苦手意識のある人は、はじめはワーク 1 のように選択式ではじめるとよいでしょう。

49

指導のポイント

①1日をふり返ることからはじめる

　日記は、1日をふり返って整理をするというプロセスを経ないと書けません。はじめは「今日は1日何があったかな？　朝はどうだろう？」と子どもとやり取りしながらふり返ります。「そのときは、いやな気持ちだった？　楽しかった？」などと、気持ちを表す言葉を示し、子どもに選ばせながら整理させます。

②整理したできごとを日記に書く

　つぎに、①で整理した出来事を文章にしていきます。文章のパターンを例に出しながら、いっしょに作っていくのがよいでしょう。まだたくさん書けない子どもの場合は絵日記を使ってもいいでしょう。どんな気持ちをどのくらいの強さで感じたかについて書けるように子どもをリードしてください。

③いろいろな表現を身につける

　日記をつけると、いろいろな気持ちの表現の仕方を学ぶことができます。気持ちを表す言葉リスト（8～9ページ参照）などを活用しながら、いろいろな種類の表現を覚えましょう。とくに、怒りや不安や悲しいなどのいやな気持ちを日記に書けたときは、いやな気持ちに自ら向き合おうとした証拠です。「がんばって書けたね」とほめてあげてください。

こんなときはどうする？

Q 「楽しかったです」しか書けない子どもにどう指導すればいいの？

A 「楽しかった」という気持ちしかうまく表現できない、あるいは日記は楽しいことを書くものと思い込んでいるなど、さまざまな要因が考えられます。次はどのくらい楽しかったのか、その強弱を表現させましょう。それができたら、怒りや不安などのネガティブな気持ちをコントロールできるようにすることを視野に入れ、「楽しい」以外の気持ちをターゲットにして日記に書いてみるようにすすめましょう。

12 自分のできることリストを作ろう

こんな行動が見られたら

自分にはいいところがないと思っている

身につけたいこと

①自分のできているところに注目できる
②いやな気持ちではなく、いい気持ちを持続できる

　気持ちをうまくコントロールできる人は、自分のことをそこそこ好きでいられて、自分が何をやれるのかを理解できている人です。「そこそこ」の自信を持つためには、自分の今できていることを見つけていくことが大切です。よく「私にはいいところがまったくありません」と話す子がいますが、それは他人と比べて優れているところを探そうとするあまりに、自分のできていることが見えない状態になっていると考えられます。

　子どもと「できていること探し」をする際には、①他人と比べてではなくその子自身ががんばっていること、②結果につながらなくても努力していること、③「当たり前」であっても続けられているところ、に注目してみましょう。自分のできているところを見つけ、自信を積み上げていくことが、気持ちの安定やコントロールの上達につながります。

じぶんの「できること」を たくさんおもいだしてみよう

ワーク1

❶ いつも「できていること」を３つあげてみよう。

(例) あいさつができている、はみがきができている、きゅうしょくをのこさずにたべている

① ぼく／わたしは
_____
　　　　　　　　　　　　　　　　　　　　　　　　　　　　　ができている。

② ぼく／わたしは
_____
　　　　　　　　　　　　　　　　　　　　　　　　　　　　　ができている。

③ ぼく／わたしは
_____
　　　　　　　　　　　　　　　　　　　　　　　　　　　　　ができている。

❷ だいたい・たまに「できること」を３つあげてみよう。

(例) 気分のいいときはおてつだいができる、週に１回はくつをそろえられる

① ぼく／わたしは
_____
　　　　　　　　　　　　　　　　　　　　　　　　　　　　　ができる。

② ぼく／わたしは
_____
　　　　　　　　　　　　　　　　　　　　　　　　　　　　　ができる。

③ ぼく／わたしは
_____
　　　　　　　　　　　　　　　　　　　　　　　　　　　　　ができる。

ぼく・わたしの「よいところリスト」をつくろう

ワーク2

1 じぶんの「よいところ」をできるだけたくさんかきだしてみよう。また、先生や親にもきいてみよう。

（例） 積極的　ゆうきがある　人と協力できる　おもしろい　やさしい　○○がとくい
すなお　きれいずき　字がきれい　責任感がある　まじめ　がんばりや

ぼく・わたしは、こんな人です！

2 **1** のワークでかきだしたじぶんの「よいところ」を＿＿＿＿にかいてみよう。- - - - - - - 部分には、ワーク1でかきだした「できること」をかいてみよう。

① ぼく／わたしは ＿＿＿＿＿＿ な人です。なぜなら - - - - - - - - - ができるから。

② ぼく／わたしは ＿＿＿＿＿＿ な人です。なぜなら - - - - - - - - - ができるから。

③ ぼく／わたしは ＿＿＿＿＿＿ な人です。なぜなら - - - - - - - - - ができるから。

④ ぼく／わたしは ＿＿＿＿＿＿ な人です。なぜなら - - - - - - - - - ができるから。

⑤ ぼく／わたしは ＿＿＿＿＿＿ な人です。なぜなら - - - - - - - - - ができるから。

⑥ ぼく／わたしは ＿＿＿＿＿＿ な人です。なぜなら - - - - - - - - - ができるから。

53

指導のポイント

①優れているところではなく、できているところからはじめる

　自分自身で自分のよいところ・できているところを見つけるのはむずかしいものです。ついつい「こんなことはできて当たり前」「こんなことできても仕方がない」などと考えてしまい、できている自分を認めることを忘れてしまっています。できて当たり前の行動でも、「これができている」と自分で認めるところからはじめます。

②できているところがいくつか見つかったら

　100％確実にできているところが見つかったら、つぎは70％ぐらいはできているところを探してみましょう。子どもだけでは見つけにくいので、「最近これもがんばってやれているよね」と周囲の大人が手助けしてあげます。日頃から子どもの「ちょっとがんばっていること」を探しておきましょう。

③できている行動の仲間を見つけてみよう

　できている行動をいくつか書き出すと、できている行動の中に関連した行動が出てくるかもしれません。例えば「あいさつが元気にできる」→「近所の人にあいさつができる」などです。そこから、子どもの長所やいいところを見つけ出すことができます。

こんなときはどうする？

Q　「自分のいいところなんて一つもない」と言う場合には、どう対応すればいいですか？

A　「よいところ」＝「ほかの人より優れているところ」と決めている可能性があります。「よいところ」＝「できているところ」とルールを決めて探すようにします。例えば、朝起きて自分で身じたくできる、学校に行けるなど、毎日の生活のなかでとくに意識せずにやっていることや、"当たり前"と思っていることの中に、必ずできているところは見つかります。

13 呼吸で気持ちをコントロールしよう

こんな行動が見られたら

イヤなことを思い出して呼吸が荒くなっている

身につけたいこと

①ゆっくりとしたやさしい呼吸の仕方を身につける
②不安や怒りが強くなったとき、呼吸で気持ちが落ち着くということを学ぶ

　子どもは、ストレスに対処する力や状況を捉え直す力が限られているので、ストレスの影響を受けやすいといえます。そんな時期にいじめなどの強い負の刺激が加わるとその子の対処能力の限界を超えてしまい、トラウマ（心の傷）となってしまいます。そしてその過去のいやな体験や記憶が急に思い出されて、あたかも当時のことが今、再現しているかのように体験してしまうことを「フラッシュバック」といいます。フラッシュバックが起きると、怒りや不安のコントロールがよりいっそうむずかしくなります。

　ワークで紹介する呼吸法を身につけることで子どもが体の状態を自分で落ち着かせられるようになり、心を安定させられるようになります。

いやなきもちははきだそう

ワーク1

1 いやなきもちに気づいたら、ゆっくり呼吸してみよう。

① 鼻で空気をやさしくすおう。3秒くらいかけてゆっくりと、すいすぎないように。

② 口をすぼめて、ゆっくり細く長い息を5秒ぐらいはいてみよう。

③ 3～5分間を目安に①→②をじぶんのペースでくりかえします。

おとなの方へ

　呼吸が鼻から入って、口から出ていくタイミング、強さを観察しましょう。吐く息の強さはろうそくの火が消えない程度を目安にしてください。

　ティッシュペーパーを短冊状に細く切って子どもの口の前に出すと、呼吸の強さを確認することができます。また、手のひらを子どもの口の前に出す方法でも、同じように吐く息の強さを教えることができます。

　息を吸う時間よりも吐く時間の方がやや長くなるようにしてください。呼吸のタイミングに合わせて「空気が入ります」「空気が出ていきます」とやさしく声をかけてください。

呼吸をイメージしてみよう

1 いやなきもちに気づいたら、いつでもどこでもゆっくり呼吸をしているときのじぶんの感覚を意識してみよう。「フー」といっしょにいやなきもちをはきだすイメージだよ。

① 目をとじてゆっくり呼吸をしよう。

② 鼻に入ってくる空気の感覚を意識しよう。空気はあなたの鼻に入っていきます（イメージ）。

③ フーッと空気がでていく感覚を意識しよう。そして空気はあなたのからだからでていきます（イメージ）。

おとなの方へ

　このワークのリラクセーション法は、意識を現在の体の感覚に注目することで、体の状態を落ち着かせつつ、意識を過去から現在に戻す機能があります。
　ここでは、過去のいやな記憶に向いてしまっている意識を現在に戻す方法を身につけ、感情を落ち着かせる方法を学びます。

指導のポイント

①息を吐くことがポイント

　フラッシュバックが生じているときは、気持ちだけではなく体も危険・緊急モード（交感神経が優位に働いている活動状態）になっています。その場合、いやな気持ちの悪循環から抜け出すことがむずかしいことが多くあります。人間は息を吸うと心拍数（心臓のドキドキの速さ）が上がり、息を吐くと心拍数が下がります。呼吸をうまくコントロールすることで、「体」を休息モード（副交感神経が優位に働いているリラックス状態）に変えることが可能です。体のモードが変わることで気持ちも次第に休息モードになっていきます。息をゆっくり吐くことがポイントです。

②フラッシュバックについて大人が知っておきたいこと

❶フラッシュバックは起きてしまうのであって、本人が起こしているのではないこと
❷フラッシュバックが起きてしまうことに対して、本人を責めるべきではないこと
❸過去に向いてしまっている意識を「現在」に戻すことが大切ということ

こんなときはどうする？

Q 何分間呼吸の練習をすればよいですか？

A 　まずは3分間からはじめましょう。徐々に時間を延ばして、できるようになったら5分間を定期的に練習するとよいでしょう。最初はうまくできない子どももいます。このワークを実践したことを、まずはほめ、それからつぎのステップに誘導しましょう。「そうそう、上手。そうしたら今度は○○ができるよ」と声かけを忘れずに。

Q 子どもが「呼吸の練習はむずかしくてつまらない」と言います。

A 　一人だけでやるのではなく、支援者や専門家といっしょに練習する機会を作ってください。一人で呼吸法をすると1分でも長く時間が感じられ、呼吸法自体が退屈に感じます。ほめられ、励まされながら練習を継続することがコツです。また呼吸法の練習を支援する方法として、心拍変動バイオフィードバック法（呼吸によって体のリラックス状態が変わることを機械で把握する方法）があります。

14 筋肉で気持ちをコントロールしよう

こんな行動が見られたら

いやなことを思い出して体がかたくなっている

身につけたいこと

①緊張した状態から、体の力が抜けるようになる
②自分でリラックスモードを作ることができる

　フラッシュバックが生じたり、いやな気持ちにとらわれているとき、私たちの体は緊急・危険モードになり、筋肉にとても力が入っている状態になります。すると、心が体の緊張に気づき、不安や怒りをさらに強くします。この悪循環を断ち切り、体をリラックスモードに変えるためには、筋肉の力を自分で意図的に抜くことが必要です。

　筋肉が緊張している状態から力を抜くには、いったん自分で意図的に筋肉に力を入れてからフーッと息を吐きながら脱力します（筋弛緩法といいます）。筋肉にリラックス状態をくり返し教えるイメージで取り組んでみましょう。筋弛緩法をくり返し行なううちに、先ほどまであった筋肉の緊張が、じわじわと蒸発していくような感覚や、体の緊張がほぐれていくように感じられると理想的です。

からだをコントロールするときもちはかえられるよ

ワーク1

1 からだの力をぬいていく方法を学ぼう。

① にぎりこぶしをつくってななめうしろに肩を上げ、ぎゅっとからだに力を入れます。

② フッーと息をはきながら力をぬいてうでを下ろす。

2 リラックスした感じはどんな感じかな？ かいてみよう。

_____
_____
_____
_____

アドバイス

①イライラしているときも、不安になっているときも、しらずしらずのうちに肩の力などが入っています。力が入っていることに気づけるようになりましょう。
②力をぬくことができたら、ぬけた状態をキープできることがだいじです。力をぬいて、そのまま呼吸法に入るのも一つの方法です。

すわって力をぬいてみよう

1 うでの力をぬいてみよう。

① イスに楽にすわってください。じぶんの手に半分にきったレモンを軽くにぎっているところを想像しましょう。

② その手をギューッとにぎってください。同時にうでもギューッとまげるとレモンジュースがでてきました。1・2・3・4・5と数えて。

③ はい、ストーンとうでを下ろしてレモンを床に落としたと想像してみてください。うでと指をリラックスさせましょう。10秒はそのまま力をぬいた状態を保ってください。

④ うでからあたたかい感じやリラックスした感じがしますか？ もう一度やってみましょう。

2 顔の力をぬいてみよう。

① すっぱいレモンをたべたときのようにおでこ・鼻・口・まゆ毛など顔全体をしわくちゃにして、目をギュッととじてください。1・2・3・4・5と数えて。

② すべてのしわをなくして楽にしてください。10秒間今のままにして深呼吸をしてください。
・顔はあたたかいかな？
・からだがリラックスしているかな？

61

指導のポイント

①自分では気がつかない緊張もある

緊張すると、体に力が入り、かたい状態になりますが、自覚していない（＝自分では力が入っていないと感じている）筋肉の緊張もあります。それらの緊張を抜くことで、体をリラックス状態にさせます。

②自分で緊張を作ったり、抜いたりすることがむずかしい場合

大人と子どもがペアになりましょう。子どもがイスに座り、大人が子どもの後ろに立って肩に手を当てます。大人は子どもの肩の筋肉に手を当てながら、「少し力を入れて肩を上げてみて」と声をかけます。子どもが肩を上げるのを下に押しながら妨げたりして、肩の筋肉に緊張を作っていきましょう。子どもの肩に力が入っているのがわかったら、肩の力を抜くように伝えて、肩がすとんと落ちれば「肩の力が抜けたね」と、緊張・リラックスの状態を確認します。

③体の感覚に注目しよう

筋弛緩法は、自分で筋肉の感覚を作り出すとてもわかりやすい方法です。例えばフラッシュバックや不安モードのときは自分の意識が過去に向いて、心ここにあらずの状態です。それに対して自分が今作り出す感覚は意識を今に戻し、今の時間を確認する働きがあります。呼吸や筋弛緩法でリラクセーションをしつつ、今感じている感覚に目を向ける習慣を作っておくことは、将来的にもフラッシュバックなどの対処に役立つでしょう。

こんなときはどうする？

Q 子どもが「緊張がわからない」と言います。

A 体が緊張したり弛緩する感覚がつかみにくいタイプの子どもがいます。指導のポイントの②のように大人とペアで行なったり、大人が見本を見せたりすることで、イメージが持ちやすくなるでしょう。

15 イメージで気持ちをコントロールしよう

こんな行動が見られたら

いやなことを次々に思い出してしまう

身につけたいこと

①楽しいことをイメージすることの大切さを学ぶ
②いやな気持ちになったときに楽しいことをイメージして気持ちを落ち着かせる

　頭に浮かぶイメージと気持ちはつながっています。つまり心の中のイメージが変われば気分も変えられるのです。楽しいイメージ、安心できるイメージを上手に作れるようになれば、気持ちを上手にコントロールすることができます。
　11ページでは、いい気持ちには「興奮系」と「リラックス・安心系」があることを勉強しました。年齢の低い子どもには好きなキャラクターや場所など、楽しくてワクワクするような「興奮系」のイメージの方が浮かびやすいかもしれません。慣れてきたら少しずつ力が抜けてゆったりとおだやかな感覚をもたらす「リラックス・安心系」のイメージも作れるようになることを目指しましょう。

安心できる場所をイメージしよう

ワーク1

1 イメージすることできもちを落ちつけよう。

① 目をとじてください。どこにでも行けるドアがあるとします。あなたのとてもすきな場所・落ちつく場所に今から行きます。その場所を想像してください。イメージがうかんだら、それはどんなところか先生やともだちに話してください。

＊最初は、おとなに例をあげてもらっておこないます。

② 3分間、あなたのとてもすきな場所・落ちつく場所にいて、心地いいきもちをじゅうぶんに感じてください。

　おとなは「今どんな気分かな。いいきもち？……落ちついている？」など問いかけてください。

③ あなたのすきな場所・落ちつく場所から、とてもいいきもちのまま、この今の場所にもどってきましょう。

いろいろな方法を組み合わせてきもちを落ちつけよう

1 呼吸と筋肉をゆるめる方法を組み合わせてみよう。

① 肩や顔に力を入れて息をすい、5秒間からだに力を入れます（呼吸は自然にします）。
② 息をフーッとはきながら、からだの力をぬきます。ゆっくり、力がぬけるのを感じますか？
③ 今どんなきもちかな？

2 呼吸とイメージを組み合わせてみよう。

① 57ページの呼吸のワークを2分間おこないましょう。
② そのままワーク1の「安心できる場所」をイメージしましょう。
③ 今どんなきもちかな？

指導のポイント

①イメージを切り替えること

　イメージを切りかえる方法の一つに自分の心をテレビにたとえるやり方があります。まず、子どもに自分の筆箱を持たせてテレビのリモコンにたとえます。黒板や壁などを指して「ここにテレビがあるとします。今、とても怖い番組・つまらない番組が流れているとします。あなたは今リモコンを持っています。さてどうしますか？」と問いかけてみましょう。子どもから「チャンネルをかえる！」と答えが返ってきたときに、「どんな番組に？」と確認できれば、"気分の切り替え"の理解の導入に成功です。43〜46ページで学んだ気持ちを切り替えることと同じですね。イメージを切り替えることはまさにテレビのチャンネルを切り替えることなのです。

②テレビの番組みたいに心の番組を切り替える

　①ができたら、じつはテレビ番組と同じように心や気持ちも面白い番組・怖い番組があって練習すれば切り替えられるようになる、それを自然に、上手にできることが気分転換であることを伝えます。ワークでは、安心できるイメージを子どもと作りましたが、その前提として、特技・達成体験やほめられた体験、好きなキャラクター、素敵な思い出などを家庭や学校でたくさん体験しておくと、"楽しい番組"のチャンネルを作りやすいでしょう。

こんなときはどうする？

Q 子どもが「楽しいイメージがわかない」と言います。

A 呼吸法、筋弛緩法、イメージの3つを紹介しましたが、得意、不得意ももちろんありますので、3つのうちできるものをマスターされるとよいでしょう。また、大人が「例えば、こんなイメージは？」と、その子の好きなものや得意なことを具体的に挙げて、イメージがわくきっかけを作りましょう。

16 怒りをコントロールしよう

こんな行動が見られたら

自分が怒っていることに気づいていない

身につけたいこと

①自分が怒っていることに気づくきっかけを知る
②怒りをコントロールできたらよい結果になることを知る

　怒りとは、人間にとってつき合いにくい感情の代表です。イライラのまっただ中にいる子どもに「何を怒っているの」と声をかけると、「怒ってなんかない！」と逆ギレされたりすることもあるでしょう。"自分が怒っている"という認識は、なかなか認めにくいのです。「それは怒りという気持ちだよ」と教えていく必要があります。
　そのために、体の状態や行動のパターンを怒りに気づくきっかけにする方法があります。例えば、怒りの気持ちを持つと交感神経が活性化することにより、脈が速くなる、汗が出る、など体が変化します。また、人によっては、怒ったときに生じる行動パターンやクセがあります。自分の中で生じる体の状態や行動パターンを知ることで、小さな怒りに気がつくきっかけとなります。

怒っているときのきみは どんな感じ？

ワーク1

1 怒っているとき、じぶんはどんな状態かな？
じぶんにあてはまることにチェック ☑ を入れよう。

- ☐ 心臓のドキドキがはやくなる
- ☐ 呼吸がはやくなる
- ☐ はをくいしばる
- ☐ つかれやすい
- ☐ 食欲がなくなる
- ☐ 肩に力が入る
- ☐ ねられなくなる

- ☐ モノをなげる
- ☐ いやな夢をみる
- ☐ イライラする
- ☐ 「イヤだ」とか「バカ」といってしまう
- ☐ よく泣く
- ☐ 集中できない
- ☐ その他

呼吸がはやくなる　　　はをくいしばる　　　イライラする　　　モノをなげる

2 チェックしたなかで、じぶんで「怒っているな」とわかりやすいのはなにか、かいてみよう。

アドバイス

怒りは表現してもよいたいせつなきもちです。ただし、じょうずに表現することがだいじです。爆発する形で表現してはいけません。怒りというきもちは、もっとじぶんをたいせつにしてほしい・状況がよくなってほしいというきもちのあらわれであり、人をきずつけるためにあるわけではありません。

もし怒りをコントロールできたら、どんないいことがあるかな？

1 小さなことで怒ってきもちを爆発してしまったらどうなるかな？

① 家族は

② ともだちは

③ このことは
　よい結果？ わるい結果？

④ それはなぜ？

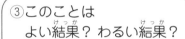

2 もし小さな怒りに気づいても爆発しないでいられたらどうなるかな？

① 家族は

② ともだちは

③ このことは
　よい結果？ わるい結果？

④ それはなぜ？

おとなの方へ

　子ども時代は怒りを泣く・叫ぶ・攻撃するなど未熟な形で表現するため、「そんなことで怒るな！」と叱られることが多く、子どもによっては怒り自体がいけないことと思ってしまうことがあります。怒りは何か自分にいやなことが起きているという心のメッセージであると伝えてください。怒りは大切な気持ちですが、コントロールしなければ、あっという間に大きくなり、爆発すればケンカやトラブルにつながります。怒りを爆発させないように、少しでも冷静になって言葉で伝えられることが大切ということを、くり返し教えていく必要があります。

指導のポイント

①怒りの体の感覚や行動に気づくには

　子どものときは、セルフモニタリング（自分を客観的にふり返る力）が弱く、自分の体の感覚をキャッチすることがむずかしい場合が多くあります。しかし、体の感覚や行動パターンについてイラストなど目に見えるものを通して学ぶことは可能です。人間は怒ったときにはこういう体の感覚を抱きやすいということをわかりやすい形で学んで、自分のときはどうだろうかと考えてみるのが最初の一歩になります。

②「もし怒りをコントロールできたら……」と考えることが重要

　日常生活で「怒るのをやめなさい！」「そんなことで怒らないの！」と叱られる子どもたちは、「怒ってはいけない」となんとなく認識してしまいます。ただし、まだ先を見通す・予測する力は未発達なので、怒りを爆発させたらどうなるか（結果的に失敗することが多い）ということは考えにくく、まして怒りをうまくコントロールできるとどんないいことが起きるのかということは、考えたこともないというのが実際の姿です。だからこそ、よい結果をもたらされるイメージをていねいに教えて、怒りのコントロールスキルを学ぶモチベーションを持たせることが重要です。

こんなときはどうする？

Q 子どもが「人間は怒っちゃいけないの？」と言います。

A 怒ってはいけないのではありません。グラフを見てください。横軸の左側が怒りを抑え込んで感じないようにする、右側が怒りを爆発させることを意味しています。グラフを使って「冷静になり困っていること・いやだったことを伝える」「大人にこんなことがいやだったと相談する」などを山の頂点のところにメモします。「怒りはゼロにしなくてもよく、怒りの頂点でこんな表現ができるといいね」と伝えてください。

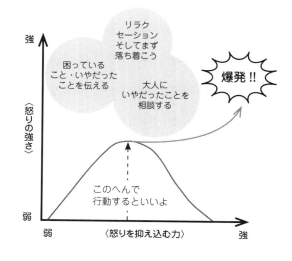

17 怒りのスイッチを見つけよう

こんな行動が見られたら

いつも同じことで怒りが爆発する

身につけたいこと

①自分が何に怒りやすいのか「怒りのスイッチ」を知る
②怒りのスイッチを知ることで、怒りの爆発を予防する

　何が自分を怒らせるのかという「怒りのスイッチ」を知りましょう。自分がどんな状況で、だれから、どんなふうに言われると怒りのスイッチが入りやすいのか、体や心がどんな状態のときにイライラしやすいのかなどを知ることで、怒ったときの自分の行動をある程度予測することができ、突然怒りを爆発させることが少なくなります。また、怒りやすい状況を予測できれば、「怒りが爆発しないためにはどうすればいいか」を考えることができます。例えば、深呼吸をする、肩の力を抜くなど対処法は複数あるので、自分がとりあえず使える方法をからはじめていきましょう。

怒りのスイッチをみつけよう

ワーク1

1 きみはどんなときにイライラ・ムカムカするかな？
下のリストの □ にあてはまるものがあればチェックをつけよう。

□ じぶんの話をきいてもらえなかった

□ 順番にならんでいたら横入りされた

□ 急にともだちとあそべなくなった

□ ほしいものが手に入らないといわれた

□ バカなどわる口をいわれた

□ ケンカをしてじぶんだけしかられた

□ やりたいことを後回しにするようにいわれた
（やりたくないことを先にやるようにいわれた）

□ ともだちよりもテストの点数がわるかった

□ かけっこをしてともだちに負けてしまった

2 きみの怒りのスイッチが入るばめんはどんなときかな？
かいてみよう。

72

イライラしている時間とたのしい時間を比べてみよう

1 きみのイライラ・ムカムカタイム（イライラしている時間）とハッピータイム（たのしい時間）を比べてみよう。1日のうちでそれぞれのタイムがどのくらいかをかいてみよう。

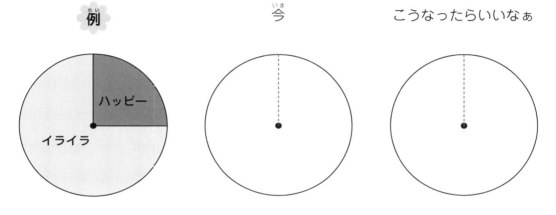

① じぶんのイライラ・ムカムカタイムは？（　多い　・　少ない　）

② じぶんのハッピータイムをふやすために、できることをかいてみよう。

_____

_____

_____

_____

アドバイス

　ハッピータイムをふやす工夫について二つのことをかんがえます。まずひとりでおだやかにすごす時間をふやしましょう。つぎにわたしたちは学校では友だち・先生と、家では家族と生活しています。まわりとの関係をよくするために、じぶんはなにができるかをかんがえてみよう。

73

指導のポイント

①怒りのスイッチを知ることはパニックの予防につながる

　怒りのコントロールの苦手な子どもはつい感情が高ぶってカッとなり、なかなか怒りがおさまらず、パニックになってだれかに危害を与えたり、トラブルにつながったりすることがあります。自分の怒りのスイッチを知っていると、事前に対処ができることも多いのです。このことは、あらかじめ雨が降ることがわかっていたら傘を用意することと同じです。

②怒りのスイッチはだれにでもある

　怒りのスイッチはだれにでもあり、人によってさまざまです。ですから、「こんなことで怒るものではないよ」などと指摘されたり、責められることなく、「自分の怒りスイッチがわかってよかったね」と認め合う雰囲気でワークに取り組んでください。たくさんのスイッチに気づくことができれば、それだけ予防の工夫ができるということでもあります。

こんなときはどうする？

Q 気をつけているのに怒ってしまい、そのたびに落ち込んでしまいます。

A 自分の怒りのスイッチがわかっていても、つい失敗してスイッチを入れてしまうことがあります。怒りの大きさをテレビの音量にたとえると、音量が大きすぎると私たちは「しまった」と思って音量を小さくしますね。一瞬、怒りが大きくなってしまっても、あとで自分で小さくできればよいのです。くり返し練習して少しずつ身につけていきましょう。

Q 怒りの勉強をすると、本人が不安定になります。

A まず考えられることは、昔のいやな出来事を思い出して、不機嫌になっている状態です。このときは、臨床心理士や精神科医などの専門家の支援を受けつつ、[13]〜[15]（55〜66ページ）のリラクセーションスキルをしっかり身につける必要があります。リラクセーションは、単に気持ちよくリラックスするために行なうだけではなく、不安や怒りで不安定になった気持ちを安定させるために行ないます。

18 怒りのサインをキャッチしよう

こんな行動が見られたら

こぶしを握りしめてにらんでいるのに、自分が怒っているのに気がつかない

身につけたいこと

①怒っているときの自分の体の変化を知る
②体の状態で自分が怒りを感じていることに気づくことができる

　私たちは、いやだという気持ちは早い段階から気づくのですが、「今『怒り』を抱いているんだ」「怒りが大きくなっていっている」とはなかなか気づきにくいものです。そのときに参考になるのが、自分の体や行動に現れる変化です。気持ちに対応した身体感覚と行動が現れるので、それを怒りのサインとして手がかりにします。

　怒りは状況に応じてあっという間に大きくなって爆発する、コントロールがむずかしい感情です。しかし、怒りは今の状況を何とかしたいというメッセージでもあります。これまで学んだ怒りのスイッチや体・行動のサインなどから「怒りの信号」をキャッチしましょう。

怒っているときに どんな行動をしている？

ワーク1

1 きみはイライラ・ムカムカしているとき、どんなことをするかな？ その行動がきみの怒りのサインだよ。下のリストの □ にあてはまるものがあればチェックを入れよう。

☐ 関係ないあいてに暴言をはく（「うるさい！」「あっちいって」「バカ」）

☐ 「イライラする」「ムカつく」「キレそう」と大きな声でいう

☐ ドアなどをけったり、たたいたりする

☐ 大声をあげてしまう・声が大きくなってくる

☐ 目つきがわるくなる（にらんでいる・こわばっている）

☐ こぶしをにぎりしめている

☐ はをくいしばっている

☐ かたまる

☐ しずかにだまってしまう（ムスッとしている）

☐ なにもしたくないとやけになる（「もういいわ!!」）

2 きみの怒りサインをかいてみよう。

怒っているとき、からだはどうなっている？

1 きみがイライラ・ムカムカしているとき、からだはどうなっているかな？　それはきみのからだからのサインだよ。下のリストの □ にあてはまるものがあればチェックを入れよう。

□ 頭がいたくなる

□ あせをかく

□ 顔が赤くなり、熱くなっているように感じる

□ 心臓のドキドキがはやくなる

□ からだがふるえる

□ 胃が重たくなるように感じる

□ 筋肉がきんちょうしてかたくなるように感じる

2 きみが怒っているときのからだのサインをかいてみよう。

ワーク2

77

指導のポイント

①怒りの学習はおだやかなトーンで

怒りを表すことについては悪いイメージがあるため、私たちの社会ではあまり許容されていません。子ども自身も、「怒りを出す」＝「悪いこと」だと理解しているケースも多いと思います。そのため、怒りの学習をすると多かれ少なかれ子どもは、気持ちが不安定になることがあります。おだやかな口調で「悪いことではない」ということを伝えながら怒りについて取り上げていくとよいでしょう。「イライラ君は、自分のことをみんなにわかってほしいと思っているよ」と怒りを肯定的に理解することから説明するとよいでしょう。

②身体感覚はつかみにくい

身体の感覚は、自分の体の中で、あるいは自分の身の回りで何が起きているかを理解する手がかりになります。しかし、子どものときは、その感覚をあまりよく理解できません。身体感覚を理解するのに、マンガによく見られる擬態語を使うとよいでしょう。マンガを用いて「こんな感じになったことがある？」と進めていくと楽しく学べるでしょう。身体感覚をつかめると、感情理解の学習も進みます。

（例）

・素敵なものにであったとき ⟶ キラキラ　　・ビックリしたとき ⟶ ギョッ

・緊張したとき ⟶ ドキドキ　　・イライラしたとき ⟶ ムカッ

・怖いとき ⟶ ビクビク　　・自信がないとき ⟶ オドオド

こんなときはどうする？

Q 歯をくいしばっていかにも怒っているのに「怒っていない！」と言います。

A 以下の二つの場合が考えられます。一つは怒りを抱いていることに気がついているが認めたくない場合。もう一つは自分に起きている状態が怒りであることに気がついていない場合です。いずれの場合も怒りそのものが悪いわけではないこと、怒りの状態を理解し、爆発させない対処法を学ぶとよいでしょう。

19 怒りの強さをキャッチしよう

こんな行動が見られたら

怒りが爆発する段階になって、ようやく自分が「怒っている」と気がつく

身につけたいこと

①自分の怒りの程度がどのくらいかを理解する
②どの程度の怒りのときにトラブルを起こすかをふり返ることができる

　怒りのコントロールが苦手な子どもは、怒りの強さもよく理解できません。［13］〜［15］（55〜66ページ）で学んだリラクセーションスキルも、怒りが爆発する寸前で使ったとしても効果はほとんどないため、小さなイライラの段階で気づいてリラクセーションにつなげることが大切です。

　このワークでは、まず怒りの強さによって、自分自身の行動や怒りの表現の仕方が違うことを学びます。また、自分の怒りの体験をふり返ることで、どのくらいの強さで怒りの気持ちを抱いていたのかをつかむコツを学びます。

怒りのつよさを表現してみよう

ワーク1

1 怒りにはつよさとよわさがあります。暴力がでたり、どなったりした場合をいちばんつよい5とします。ぎゃくに、じぶんがリラックスしている状態を0とします。

怒りのつよさ

0点	1点	2点	3点	4点	5点

2 じぶんがイライラしたばめんをおもいだして、怒りのつよさを点数にしてみましょう。

怒り度	なにをしているとき？
0点	（例）ソファでくつろいでいるとき
1点	（例）さんすうのもんだいがわからなくてため息がでたとき
2点	（例）おかあさんにはやくたべなさいといわれ「わかってるって！」といってしまったとき
3点	（例）なんども注意をされて「うるさい！」といってしまったとき
4点	（例）八つ当たりでドアをバーンとしめる。「もうイヤ！」とティッシュの箱をなげる
5点	（例）おかあさんをたたく

80

じぶんの怒りを イライラ表であらわしてみよう

1 ［17］怒りのスイッチ（72～73ページ）や［18］怒りのサイン（76～77ページ）のワークを参考にして、じぶんの怒りが0～5のときに、からだのようすがどんな感じになっていたかをおもいだしてみよう。また、怒りがつよくなってしまったときには、どうやって小さくするかをかんがえてみよう。

ワーク2

＿＿＿＿＿さん／くん のイライラ表

怒り度	からだはどんな感じ？	どうやってイライラを小さくする？
0点	（例）からだの力がぬけてゆったりしている	（例）ソファでくつろいでいる
1点		
2点		
3点		
4点		
5点		

81

指導のポイント

①怒りスケールを活用しよう

怒りスケールは、怒りによるトラブルやいやな出来事をふり返り、気持ちをコントロールする練習に有効なツールです。怒りのコントロールがむずかしい子どもは、一気に怒ってしまうため怒りレベル０か５かのどちらかになってしまいがちです。とくに怒りレベル２、３は、リラクセーションが最も有効な段階です。「その度合いを自分で見つけられると怒りを爆発させずにすむよ。みんな必ず２、３の段階があるから、これからいっしょに探していこうね」と伝えましょう。

②すべて目盛りがうまらなくてもよい

怒りレベル０〜５の間にある１・２・３・４のときの自分の体の状態や行動を意識することは、すぐにできることではありません。はじめは、大人といっしょに２か３を見つけて記入していきましょう。そして怒りレベルが２または３のときが、怒りのコントロールポイント（リラクセーションを行なうポイント）であることをしっかりと教え、「２のときに前に練習した呼吸や筋肉をゆるめるリラクセーション（56〜57ページ、60〜61ページ、64〜65ページ）を使ってみよう」と怒りをコントロールする練習をしましょう。

コラム

大人が見本を見せよう

子どもが怒っている・不安になっていると気がついたとき、大人がその感情に対処する見本を見せましょう。

①子どもが不安になっているとき・怒っていると気がついたとき

　例）少しでも落ち着いたり、うまくやれるように考えるために、今考えていることをちょっと止めてみる

②子どものそのいやな気持ち（不安・怒り）を受け止める

　例）大人も感情に圧倒されそうになるが、辛抱強く心が落ち着くのを待ってみる

③子どもの感情に名前をつける

　例）「ちょっと怒っているみたいだね（心配しているみたいだね）」と感情に名前をつけて、子どもに怒り（不安）を自覚させる

④その感情に対処する見本を見せる

　例）「深呼吸してごらん」と言いながらいっしょに深呼吸してみる

20 不安をコントロールしよう

こんな行動が見られたら

不安になるものをとにかく避けようとする

身につけたいこと

①不安に気づくきかっけを知る
②不安をコントロールできたら、よいことがあると知る

　不安というのは、心臓がドキドキしたり、落ち着かなくなったり、胃が痛くなったり、冷や汗をかいたりと独特な体の変化や感覚をもたらします。ですから、不安になると早くその気持ちから逃れたい、不安になると予想された状況を避けたいと思うようになり、実際にいろいろなことを避けるような行動が増えてきます。しかし、不安を避けていると、どんどん自分の生活空間や将来の可能性を狭めてしまうことになります。つまり、不安と"うまくつき合うこと"がとても重要になります。「不安などの気持ちは永遠に続くことはない。つまり、じっと待っていれば必ず弱くなっていく」「不安は下げられる・コントロールできる」という知識をあらかじめ持っておくことが必要です。

不安について学ぼう

1 おとなやともだちといっしょに意見をだしあって、つぎのもんだいにこたえよう。

① 不安は、人が生きていくためにとてもたいせつなきもちです。それは、なぜかな？

（こたえの例）①キケンなときにじゅんびができる（きけんを察知・回避できる）　②おなじ失敗をしないようにじゅんびする

② どうしてわたしたちは不安にこまってしまうのだろう？

（こたえの例）①本当はきけんではないのに（誤作動で）頭がいやなきもちでいっぱいになる　②涙がでてとまらなくなってしまう　③心配なきもちで動けなくなってしまう

③ では、不安というきもちとうまくつきあっていくためにはどうしたらいいのだろう？

（こたえの例）①不安なきもちがへっていくのをゆっくり待つ　②不安でいっぱいになる前に助けを求める

もし不安をコントロールできたらどんないいことがあるかな？

1 （　　）のあてはまるかんがえに○をつけてみよう。

●いつも不安のつよいぼく・わたし

じぶんのチャレンジできることが　（　多くなる・少なくなる　）

できることが　（　ふえる・少なくなる　）

じぶんのことが　（　すきになる・イヤになる　）

> 不安をコントロールすることでちょっと先の未来はどうなるかな？

●もし不安をコントロールできるようになったら

じぶんのチャレンジできることが　（　多くなる・少なくなる　）

できることが　（　ふえる・少なくなる　）

じぶんのことが　（　すきになる・イヤになる　）

指導のポイント

①不安への対応の原則を知る

　人間は不安を強く感じると、不安になる状況を避けようとします。しかし、それでは自分の生活や可能性を狭めてしまいます。3つの対応原則を知っておきましょう。

不安の3つの対応原則

1　不安は、それを強めるようなこと（不安な状況を避ける・予想する）をしなければ次第に弱くなっていきます。

2　自分は不安を抱いていることを受け入れます（不安になってもいいのです）。

3　リラクセーションスキルで不安が下がっていきます。リラクセーションは、単に気持ちよくリラックスできるだけではなく、不安定になった気持ちを安定した状態へと自分自身を導く効果もあります。リラックスは不安とは反対の気持ちです。
---

②「もし不安をコントロールできたら……」を考える

　人間は不安を抱くと、本能的には逃げる・回避するように動機づけられます。本当に危険であればその本能に従って撤退することが重要ですが、それほど危険ではないのに不安を起こしてしまう「間違い警報」が日々の生活の中ではよく起きます。大人は現実的な予測をして「落ち着いて考えれば……」「現実には起きるはずがない……」などと言い聞かせて対処することができます。しかし、子どもは先を見通す力・予測する力が発展途上なので、不安がこのまま永遠に続くのではないかと思ってしまったり、不安をうまくコントロールできるとどんないいことが起きるかを想像しにくいのでしょう。だからこそ、ていねいに不安の性質を教えて不安のコントロールスキルを学ぶモチベーションを持たせることが重要なのです。

こんなときはどうする？

子どもが「不安になっちゃいけないの？」と言います。

　不安・心配は本来、私たちに危険だと知らせてくれる信号の役割を持っています。ですから大切な気持ちといえます。しかし、これらの気持ちを減らす方法を知らないまま、そのまま受け取り続けると、活動範囲が狭まったり、精神疾患のリスクになったりと、私たちの生活を制限することにつながります。

21 不安のスイッチを見つけよう

こんな行動が見られたら

自分でも何が不安なのかよくわからない

身につけたいこと

①何に自分が不安になっているのかという「不安のスイッチ」を知る
②不安のスイッチを知ることで、事前に対処する

　何に自分が不安・心配になっているのかという「不安のスイッチ」を知りましょう。自分の不安のスイッチを知っていると、苦手なスイッチが入ったときに起きる行動をある程度予測することができ、怖くてかたまる（＝不安でいっぱいになり対応できなくなってしまう）ということが少なくなってきます。また自分がこんな状況のときは不安になりやすいと予測できれば、「不安が爆発しないためにはどうすればいいか」を考えることができます。「どうすればいいか」の対処方法は複数あるので、自分がとりあえず使える方法からはじめていきましょう。

ワーク1

不安のスイッチをみつけよう

❶ きみはどんなときに心配になったり、ソワソワしたりするかな?

① 下のリストにあてはまるものがあれば □ にチェックを入れよう。
　チェックを入れた不安が 100 点満点中なん点くらいなのかもかいてみよう。

□	人がたくさんいるところ	(	) 点
□	高いところに立つこと	(	) 点
□	くらいところにひとりでいること	(	) 点
□	みんなの前で発表しないといけないとき	(	) 点
□	あいてにじっとみられるとき	(	) 点
□	学校に行こうとするとき	(	) 点
□	テストの前	(	) 点
□	予定が急にかわったとき	(	) 点
□		(	) 点
□		(	) 点

② 上のリストで点数の高いもの順にならべて不安のランキングをつけてみよう。

1位 _____ (　) 点　6位 _____ (　) 点

2位 _____ (　) 点　7位 _____ (　) 点

3位 _____ (　) 点　8位 _____ (　) 点

4位 _____ (　) 点　9位 _____ (　) 点

5位 _____ (　) 点　10位 _____ (　) 点

88

心配したり・ソワソワしている時間とたのしい時間を比べてみよう

1 きみのソワソワタイム（心配したり、ソワソワしている時間）とハッピータイム（たのしい時間）を比べてみよう。ふだんの1日のなかでどちらがどれくらいの大きさかな？

① 天びんの左側に心配している時間、右側にたのしい時間の大きさをかきます。

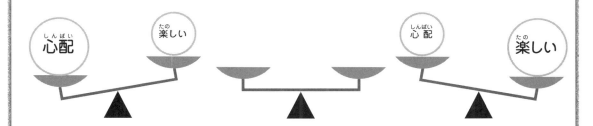

② ソワソワくんのいるときの天びんはどんな状態かな？

③ たのしい時間の天びんはどんな状態かな？

指導のポイント

①不安のスイッチを知って不安の予防・克服につなげる

　日常生活では、私たちはつい感情が高ぶってカッとなってしまったり、不安になったりします。大人は自分自身の苦手な部分や感情の「スイッチ」があることを経験的に学んでいます。自分の不安のスイッチを知っていると、事前に対処ができることも多いのです。不安のスイッチに自分に対する考えや思い込みが関係している場合は、44 〜 45 ページのワークで学ぶ「気持ちは変えることができる」ことを参考にして、小さな不安のうちにさまざまな視点で考える練習をしていきましょう。

②不安のスイッチはだれにでもある

　不安になることを、自分が弱いとか恥ずかしいと思う子もいるかもしれません。そういう思いが強いほど、ワークに取り組む抵抗も強くなると思います。しかし、不安のスイッチはだれにでもあり、人によってさまざまです。ですから、「こんなことで怖がるなんて」などと指摘されたり、責められることなく、「自分の不安スイッチがわかってよかったね」と認め合う雰囲気で取り組んでください。たくさんわかればたくさん予防の工夫ができるのです。自分の不安を認めることは大切ですね。

こんなときはどうする？

Q　（不安のスイッチを学んで）不安にならないよう気をつけているけれど、コントロールできません。

A　自分の不安のスイッチがわかっていても、対応に失敗することはたくさんあります。また、避けることができない「不安な出来事」も日常生活では多々あります。しかし、その一つひとつが不安のコントロールの練習と考えてください。とくにワーク１で作成した不安のランキングの小さいものからコントロールする練習をするとよいでしょう。不安な状況に向き合い、リラクセーションスキルを使って「大丈夫」と実感することをくり返します。

22 不安のサインをキャッチしよう

こんな行動が見られたら

不安による自分の体の変化に戸惑ってしまう

身につけたいこと

①不安になっているときの自分の体の変化を知る
②体の状態で自分が不安を感じていることに気づくことができる

「今、不安を抱いている」「不安が大きくなっていっている」と気がつき、それを認めることはむずかしいことです。しかし、私たちには気持ちに対応した独自の体の感覚（身体感覚）と行動があります。自分が不安になっていることをキャッチするために、その体の感覚の変化や自分の行動を参考にします。自分の不安のスイッチや体・行動のサインなどいろいろな側面から「不安の信号」をキャッチできるようになりましょう。不安はパニック状態になったときより、小さな不安の段階で対応する方が有効です。不安への対応が成功すると、より冷静に・理性的に判断することができる状態になります。

不安なときにからだはどうなっている？
どんな行動をとる？

ワーク１

1 不安になっているときのからだや行動は心のサインだよ。
☐ にあてはまるものがあればチェックを入れよう。

からだの感じ：からだはどうなっている？

☐ 筋肉がきんちょうしてかたくなるように感じる

☐ 顔が赤くなり、熱くなっているように感じる

☐ からだに力が入らない

☐ からだがふるえている

☐ 胃が重たい・胃がいたい

☐ 頭がいたくなる

☐ 心臓のドキドキがはやくなる

☐ しずかにだまってしまう（ムスッとしている）

☐ あせがでる

☐ なにもしたくないとやけになる（「もういいわ!!」）

(きみのサインをかいてみよう   )

行動：なにをしている？

☐ 走りだしたくなる

☐ しゃべれなくなる

☐ かくれたくなる

☐ 泣く・泣きさけぶ

☐ ソワソワする・落ちつかなくなる

☐ かたまる（からだが動かなくなる）

☐ だれかにそばにいてもらいたいとおもう

☐ その状況からにげだす

☐ だれか（おかあさんや先生）がそばにいないとなにもできない

☐ こわくないふりをする

☐ 呼吸があさくなる・はやくなる

☐ こわいことをだまっている

☐ 早口になる

(きみのサインをかいてみよう   )

じぶんの不安をしって対処法をみつけよう

ワーク2

1 不安になってもうまく対処できるように、どんなときに不安になるのか、かんがえてかいてみよう。

① わたしにとって、にがてな場所は？　どんなばめん？

_____

② わたしは心配になる・こわくなるとからだがどう変化する？

_____

③ そしてわたしは不安に対してどうする？

_____ する

④ でも不安はどんどんつよくなる。そのときわたしはどうなる？

_____ になる

⑤ わたしはそのばめんをどんな方法でさける？

_____

⑥ しかし、そのばめんはこれからもこわいものでありつづける。
　　もっとうまくやっていくためには、これまで学んだ方法をつかって

　　不安に_____ することがたいせつだ。

たとえば、

深呼吸をする　　　　　　　　人に助けを求める

助けてください

⑦ そうすれば不安はどんどん（　ふえて・へって　）いく。

93

指導のポイント

①不安の学習はリラクセーションと並行して

　不安はだれもが扱うのが苦手な感情です。学んでいく過程でしばしば不安感情が喚起されたり、過去のいやな体験を思い出して不安定になることが考えられます。その感情に伴う不快な身体感覚がさらに不快感を強めて、不安の学習をいっそういやにさせます。不安なときの気持ちの状態や行動を確認して、少しでも緊張感があるならばその都度リラクセーションを行ない、この学習をはじめるようにしてください。

②小さな不安は避けずに向き合う

　人間の気持ちは、その気持ちに対応した行動をとらせようとします。不安であれば逃げようと動機づけられます。しかし、このワークブックでは、その不安信号は「間違い警報」であることを学びました（86ページ参照）。「間違い警報による不安はあなた自身を怖がせるけれど、あなたはそれによってつぶされることはないよ」と伝え、不安を引き起こすものから逃げてばかりいるとそれは怖いものであり続けるし、可能性が狭まってしまうから、小さな不安は避けずに向き合うことが大切だと教えてください。「どうすれば不安から逃げずに、うまくつき合う（克服・コントロール・受け入れる）ことができるかをいっしょに考えていこう」と伝えていきましょう。

こんなときはどうする？

Q 不安の学習をしたがりません。

A 　不安の勉強は怖いものと思い込んでいる場合があります。その場合は［20］（83～86ページ）の「不安をコントロールしよう」をふり返って、小さな不安であれば「こんな方法を使うと不安は下げられるよ」「しばらくたつと不安は自然に下がっていくよ」とお子さんに伝えて、最初の一歩をいっしょに取り組んであげてください。そして、できれば成功体験につなげてあげてください。

23 不安の大きさをキャッチしよう

こんな行動が見られたら

不安に押しつぶされそうになって初めて「不安になっている」と気がつく

身につけたいこと

①自分の不安の程度がどのくらいかを理解することができる
②不安の程度と絡めて、トラブルをふり返ることができる

　不安のコントロールが苦手な子どもは、不安の大きさを捉えることがむずかしいことが多く、小さなことでも大きな不安として捉えてしまう傾向があります。［13］〜［15］（55〜66ページ）で学んだリラクセーションスキルがとくに有効なのは、小さな不安のときです。パニック状態になるほどの大きい不安に対しては、気持ちを安定させることがむずかしくなります。自分が今どんな不安をどのくらいの強さで抱いているかを正確につかみ、コントロールする方法を身につけます。

不安の大きさとじぶんの状態についてかんがえてみよう

ワーク1

1 不安にはつよさとよわさがあります。パニックになったり、泣きさけんだりしたときをいちばんつよい 5 とします。ぎゃくに、じぶんがリラックスしている状態は 0 とします。

不安のつよさ

0点	1点	2点	3点	4点	5点

2 じぶんが不安を感じたばめんをおもいだして、不安のつよさを点数にしてみよう。

不安度	なにをしているとき？
0点	（例）やすみじかんに絵をかいているとき
1点	（例）新学期、新しい先生やともだちが気になるとき
2点	（例）みんなの前ではっぴょうしようとしたら、足をつくえにぶつけてしまったとき
3点	（例）みんなの前に立ってどきどきしたとき
4点	（例）いやなことをたくさんおもいだしてなみだが出たとき
5点	（例）しっぱいをして、どうしたらいいのかわからなくなって、あたまの中がまっしろになったとき

じぶんの不安スケールを つくってみよう

1 [21] 不安のスイッチ（88 ページ）や [22] 不安のサイン（92 ページ）のワークを参考にして、じぶんの不安が 0 ～ 5 のときのからだのようすをおもいだして空らんにかいてみよう。また、不安がつよくなってしまったときには、どうやってよわくするかをかんがえてみよう。

ワーク 2

_____ さん／くん のソワソワ表

不安度	からだはどんな感じ？	どうやって不安を小さくする？
0点		
1点		
2点		
3点		
4点		
5点		

97

指導のポイント

①不安スケールを活用しよう

　不安スケールは、不安によるいやな出来事の整理とその対処の心理教育に有効なツールです。自分のオリジナル不安スケールを作っていくとよいでしょう。不安になってパニックになったという場合を最大の5と設定します。自分がリラックスしている状態を0とします。不安のコントロールがむずかしい子どもほど0〜5の間にある1・2・3・4について尋ねると「知らない」「急に不安になる」と話します。とくに2・3はリラクセーションが最も有効な段階なので「そこを見つけないままだともったいない。必ずこのスケールの2・3があるから、これからいっしょに探していこうね」と伝えていくとよいでしょう。88ページのワーク1で作成した不安のランキング表と連動して使用すると有効です。

②不安のコントロールは時間と練習の回数がポイント

　人間は、不安になっても時間とともに不安やイヤな感じは軽くなっていきます（図の太線）。また、回数を重ねるとその不安が下がっていくともいわれています（図の各点線）。

　勉強やスポーツと同様に、不安から逃げずに不安と向き合う練習を重ねていけば、イヤな感じも減っていくのです。

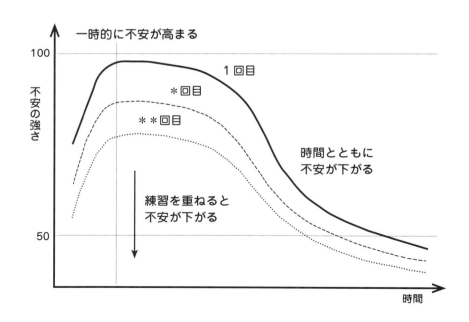

24 さまざまな考え方を知ろう

🏛 こんな行動が見られたら

自分の考えや意見を言う自信がない

周囲の考えや意見に耳を傾けない

🍀 身につけたいこと

①自分の考えをみんなの前で発表する
②考え方が一つではなく、いろいろあることを知る

　「気持ち」と上手につき合うためには、いろいろな考え方を身につける必要があります。そのためには、自分だけで考えるのではなく、グループで考えや意見を出し合うことも効果的です。ただ、自分の考えをみんなの前で発表するのが苦手だったり、自分の意見に自信が持てないという子どももいます。一方で、周囲の考えや意見に耳を傾けなかったり、そもそも意見を聞くことにメリットがあることを感じていない子どももいます。そこで、自分の考えを出したり、他の人の考えを聞いたりするメリットを感じることからはじめましょう。考えとまでいかなくとも、知っていることをたくさん出す練習をしましょう。また、一つの出来事に対して考えはさまざまであることを知り、友だちが知っていることにも目を向けられるようになることを目指します。

99

じぶんのしっていることを、いっぱいだそう

ワーク1

❶ 3～6人のグループになってみんなでしっている乗りものをだしてみよう。じぶんとともだちはおなじことをかんがえていたり、ちがうことをかんがえていたりするよ。

【人数】
　3～6人ぐらいのグループ
【用意するもの】
・付せん
　（ひとり10枚程度、人によって色をかえる）
・模造紙などの大きな紙

① ひとり10枚くらいの付せんをくばり、1枚に一つの乗りものの名前をかいてもらいます。
② 10枚かけたら、またはこれ以上じぶんのしっている乗りものがおもいつかなくなったら、いったん大きな紙にはりだします。
③ 紙にはりだされたものをみんなで相談しながら、おなじ種類のものを分類していきます。
④ じぶんのかいたものとほかの人のかいたものの共通点やちがいを話しあいましょう。
⑤ ほかにも「でんしゃ」「むし」「いきもの」などのテーマでだしあっていきましょう。

こんなとき、どんなきもちか かんがえよう

1 ❶〜❼のきもちをえらんで（　）に記入し、どうしてそのきもちになったのかを空らんにかいてみよう。

> ❶よろこぶ　❷怒る　❸かなしい　❹たのしい
> ❺おどろく　❻うれしい　❼こまる

① ドリンクバーの種類が豊富だったので、全種類テーブルにもってきた。

　　　　　　　もってきた人のきもち（　　　）

　　　　　　　どうしてそのきもちになったか？

〈ちゅうい〉おみせによっては1回に1ぱいしかもってきてはいけないというルールがあることもあります。

② なん匹かのねこが足にすり寄ってくる。

　　　　　　　すり寄られている人のきもち（　　　）

　　　　　　　どうしてそのきもちになったか？

101

指導のポイント

①作業に取り組めるようにサポートする

ワーク1はグループで実施することを想定しているので、グループの関係作りを意識しながら、課題を実施していきましょう。

このワーク1でむずかしいのは、グループのみんなから出てきた「知っていること」を、カテゴリーに分けていく作業です。発達障害の子どもたちの中には、この「意見を交換する」ということが非常に苦手な子どもたちがたくさんいます。カテゴリーに分ける作業にみんなが取り組めるように、積極的にサポートしていきましょう。選択肢を提示しながら、子どもたちの考えを引き出していくとよいでしょう。

②同じ場面でも人によって捉え方が違うことを感じられるようにサポートする

ワーク2の目的は、単に場面と気持ちを結びつけることではありません。そのため、人によって捉え方や、それによって生じる「気持ち」が異なるであろう場面を選んでいます。そのため、子どもたちが正解を探すのではなく、自分の思ったことを率直に書くことができるようにサポートすることが大切です。

こんなときはどうする？

Q 人前で発表することが苦手な子が多い場合はどうしたらよいですか？

A このようなグループワークをする際に、発表すること自体が非常に苦手な子たちが参加している場合には、なかなかうまくいかないこともあります。そのような場合は、まずは話しやすい雰囲気を作り出すために、子どもたちどうし、あるいは子どもと大人が良い関係を作れるようなアイスブレイクのゲームをしましょう。「なんでもバスケット」など体を動かすゲームも全体の雰囲気を変えてくれるでしょう。

25 自分の考え方のクセを知ろう

こんな行動が見られたら

一つの考え方にとらわれてしまい、自信を失っていきがち

身につけたいこと

①自分の考え方のクセを知る
②ネガティブな考え方をコントロールできるようにする

　一つの考え方にとらわれてしまいがちな子どもがいます。そのためうまくネガティブな気持ちを解消することができずに、いやな気持ちをずっと引きずってしまいます。
　人はどんな考え方をするとしんどくなりやすいかを知り、「考え方を変えてみる」とは、どんなことなのかを理解することが大切です。そのうえで、自分はどんな考え方をしがちなのかを知り、いやな気持ちを引きずらないよう、自分をうまくマネジメントすることを学びます。

じぶんの「かんがえかた」について しろう！

ワーク1

1 うんどうかいにかんするストーリーです。ここでは、じぶんのためにならないかんがえかたをさせるキャラクターが登場(とうじょう)します。じぶんもこんなかんがえかたをしていないかチェックしてみよう。

① ポジティブにかんがえすぎる
ポジスギル

あしたはたのしみなうんどうかいだけど、天気予報(てんきよほう)は雨(あめ)。もし雨(あめ)がふったらじゅぎょうがあります。

> でも、あしたは晴(は)れにちがいないから、雨(あめ)のためのじゅんびはしないでおこう

こんなかんがえかたをすることはあるかな？

② ダメなところばかりみてしまう
ダメダメン

うんどうかいの前半(ぜんはん)ではいろいろとたのしいことがありました。でもかけっこでころんでしまいました。

> きょう1日(にち)ダメな日(ひ)だったー。なににもいいところがなかった

こんなかんがえかたをすることはあるかな？

③ ダメなことばかり予測(よそく)してしまう
ダメックス

きょうはうんどうかいです。かけっこで待(ま)っているときに、練習(れんしゅう)でつまずきそうになったことをおもいだしました。そして「ころんだらどうしよう」と不安(ふあん)になりはじめました。つぎはじぶんの順番(じゅんばん)なのに不安(ふあん)でおなかがいたくなってきました。

> こけたらどうしよう

こんなかんがえかたをすることはあるかな？

④ じぶんはだめだーとおもいこむ
モウダメーダ

おなかがいたくてかけっこにでることができませんでした。先生(せんせい)にざんねんだったねといわれて、「本当(ほんとう)にじぶんはダメなやつで、なんにもいいところがないやつなんだ！」と逆(ぎゃく)ギレした。

> 本当(ほんとう)にじぶんはダメなやつで、なんにもいいところがないやつなんだ

こんなかんがえかたをすることはあるかな？

104

ポジティブなかんがえかたとネガティブな かんがえかたについてしろう

ワーク2

❶ 以下のばめんで、おもいうかびそうな、ポジティブなかんがえかた・ネガティブなかんがえかたにはどんなものがあるか、かんがえてみよう。
じぶんはどんなかんがえかたをしがちかな？

① 「しゅくだいをもってくるのをわすれた」

ポジティブなかんがえかた	➡
ネガティブなかんがえかた	➡

② 「きょうは、先生にしかられた」

ポジティブなかんがえかた	➡
ネガティブなかんがえかた	➡

③ 「なくしてさがしていたものがみつかった」

ポジティブなかんがえかた	➡
ネガティブなかんがえかた	➡

④ 「くじで1等賞があたった」

ポジティブなかんがえかた	➡
ネガティブなかんがえかた	➡

おとなの方へ ....

選択肢を用意して、自分はどんな考え方をしがちか選んでもらい、自分の考え方のクセを知ることに役立ててもいいでしょう。

105

指導のポイント

①ネガティブな考え方を扱うことはむずかしい

　考え方には、ポジティブな考え方とネガティブな考え方があります。ネガティブな考え方をしすぎると、怒りや不安、抑うつ感などにつながりやすいことが知られています。怒りや不安などの気持ちを扱う際には、このような考え方について知ることは大切なのですが、そう簡単に扱えるものではないということも指導する側がしっかりと認識をしておく必要があります。ワーク1でいやな気持ちにさせるキャラクターを登場させたのも、いやな考え方をしてしまう自分を責めないための一つの工夫です。

②ポジティブ・ネガティブの意味が伝わるように説明する

　ネガティブな考え方とは、悪い出来事が起こったときの理由を自分に求めるタイプの考え方です。周りや偶然に理由を求める考え方はポジティブといえるでしょう。逆によい出来事が起こった場合には、ネガティブな考え方の人は周りや偶然にその理由を求め、ポジティブな考え方の人は、自分に理由を求める傾向にあります。そのことを意識して、ときには図解しながら、子どもたちに伝わるような工夫をしましょう。ポジティブな考え方とネガティブな考え方のどっちがよいかという形ではなく、あくまでも自分の考え方を広げることを目標にしましょう。

こんなときはどうする？

Q ワーク1のストーリーに興味が持てないときや、文章を読んでもイメージがわきにくい場合はどうすればよい？

A もしグループでこのワークに取り組んでいるのであれば、大人がこのストーリーを演じてあげるとよいでしょう。自分のよく知っている大人が演じていることで興味も引きやすく、ストーリーをイメージするのが苦手な子どもにとっても、文章を読むよりは演じてもらった方が、イメージがわきやすいでしょう。

26 自分のためになる考え方をしよう

こんな行動が見られたら

自分でわかっていても、いやな考えが頭をいっぱいにする

身につけたいこと

①上手に気持ちとつき合うために必要な考え方を知る
②自分のためにならない考え方をやっつける考え方を知る

　上手に気持ちとつき合うためには、自分のためになる考え方について知ることが役立ちます。ここでいう自分のためになる考え方というのは、一つの正解があるわけではありません。それだけに、大人であっても理解することがむずかしいですし、たとえ知っていたとしても、簡単には考え方を変えることがむずかしいことも事実です。ただ、たくさん自分のためになる考え方を知っていることは、いやな気持ちにとらわれてつらくなりすぎないためには非常に大切なことです。

ほかのかんがえかたをしてみよう

ワーク1

🌸 **1** 104ページのうんどうかいのストーリーでは、じぶんのためにならないかんがえかたがでてきますが、おなじばめんでほかのかんがえかたができないか、かいてみよう。キャラクターのかんがえに、反論するようなイメージでとりくむといいよ。

① ダメダメンがでてきたばめんで、下線部のかんがえかたに反論するかんがえをかいてみよう。

　うんどうかいの前半ではいろいろとたのしいことがありました。でもかけっこでころんでしまいました。

きょうはなにも いいところが なかった

例）いやいや、午前中はたのしいこともあったよね！

② ダメックスがでてきたばめんで、下線部のかんがえかたに反論するかんがえをかいてみよう。

　きょうはうんどうかいです。かけっこで待っているときに、練習でつまずきそうになったことをおもいだしました。そのうち「ころんだらどうしよう」と不安が大きくなりはじめました。つぎはじぶんの順番なのに、不安でおなかがいたくなってきました。

ぜったいに ころんでしまうに ちがいない

108

ダメなかんがえかたやいやなきもちをやっつけよう

1 周囲のおとなに「もうだめだー」とおもう瞬間はないかきいてみよう。そして、もし「もうだめだー」とおもったときには、「どんなふうにかんがえるようにしているか」「どんなことをして乗りこえているか」もきいてみよう。

2 ワーク1をグループでやってみよう。付せんと模造紙を用意します。まずは、それぞれのばめんで付せんにおもいうかんだかんがえをかいていきます。そして、みんなの付せんをならべてみてどんなかんがえかたがあるか、みんなで確認してみよう。

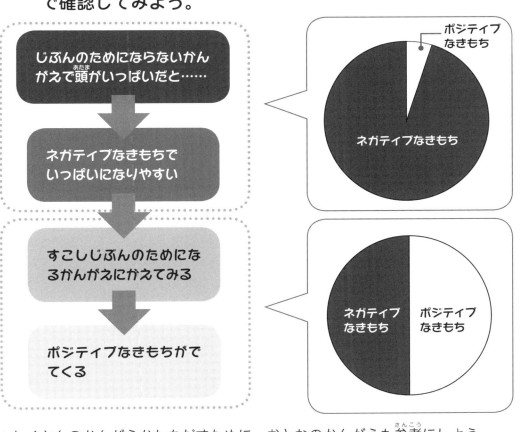

＊たくさんのかんがえかたをだすために、おとなのかんがえも参考にしよう。

指導のポイント

①気持ちを視覚化する

　気持ちは目には見えないものです。そのために、言葉や文章だけで説明していては、イメージがしにくく理解しにくい場合が多いでしょう。ワーク1でもいくつか例を示していますが、できるだけイメージがつかみやすいように、図解するなどして視覚化することが大切です。キャラクターが出てくる場面では、大人がストーリーを演じるなどすることで、興味を引きやすくなるでしょう。

②最後にまとめをしよう

　考え方のワークが終わったら、これまで学んできたことのまとめをしましょう。そのときに、いろいろな考え方をできるようにすることが大切であって、「ネガティブな考え方をしてはいけない」「ポジティブな考え方をしなければいけない」というふうに子どもたちが考えてしまわないように注意しましょう。

こんなときはどうする？

Q どうしても、ワークの内容が伝わりにくいときはどうしたらよい？

A ある出来事について、いろいろな視点からとらえたり、考えられるようになるためには、ある程度抽象的な思考ができる必要があります。そのため、イメージしやすいように工夫するだけでは伝わりにくく、余計にしんどくなってしまう場合もあるかもしれません。また、「いろいろな考え方ができるようになる」ことは、あくまでも気持ちと上手につき合うための一つの方法です。子どもたちのステップに合わせて、本書で紹介してきたようなワークをすることで、「気持ち」について詳しくなったり、好きなことをする、リラックスするなど他の方法を学んだりすることを大切にした方がよいときもあるでしょう。

参考文献

Bourne, E.J.,& Garano,L.（2003）Coping with Anxiety:10 Simple Ways to Relieve Anxiety, Fear & Worry. New Harbinger Publications（野村総一郎・林建郎（2004）『不安からあなたを解放する10の簡単な方法——不安と悩みへのコーピング』星和書店）.

Cohen, C.（2000）Raise your child's social IQ: stepping stones to people skills for kids. Advantage Books（高橋りう司・益子洋人・芳村恭子訳（2005）『子どもの社会性づくり10のステップ』金子書房）

副島賢和（2014）「子どもから怒りをぶつけられたとき」『児童心理』994号、63-68ページ

福島脩美（2005）『自己理解ワークブック』金子書房

澤田瑞也（2009）『感情の発達と障害——感情のコントロール』世界思想社

石川信一（2013）『子どもの不安と抑うつに対する認知行動療法』金子書房

NPO法人アスペ・エルデの会（2014）『楽しい子育てのためのペアレント・プログラムマニュアル』NPO法人アスペ・エルデの会

Reaven, J., Blakeley-Smith, A., Nichols, S., & Hepburn, S.（2011）Facing Your Fears: Group Therapy for Managing Anxiety in Children with High-Functioning Autism Spectrum Disorders. Baltimore, MD: Brookes.

Spradlin, S.E.（2003）Don't Let Your Emotions Run Your Life :How Dialectical Behavior Therapy Can Put You in Control. New Harbinger Publications Inc（斎藤富由起監訳 守屋賢二・加来華誉子・池田彩子訳（2009）『弁証法的行動療法ワークブック——あなたの情動をコントロールするために』金剛出版）

Sofronoff, K., Attwood, T., & Hinton, S.（2005）A randomized controlled trial of a CBT intervention for anxiety in children with asperger syndrome. Journal of Child Psychology and Psychiatry, 46, 1152-1160.

Sofronoff, K., Attwood, T., Hinton, S., & Levin, I.（2006）. A randomized controlled trial of a cognitive behavioral intervention for anger management in children diagnosed with asperger syndrome. Journal of Autism and Developmental Disorders, 37, 1203-1214.

ポール・スタラード、下山晴彦監訳（2006）『子どもと若者のための認知行動療法ワークブック』金剛出版

Sukhodolsky, DG, & Scahill, L（2012）Cognitive Behavioral Therapy for Anger and Aggression in children. The Guilford Press（大野裕監修・坂戸美和子・田村法子訳（2015）『子どもの怒りに対する認知行動療法ワークブック』金剛出版）

トニー・アトウッド、辻井正次監訳、東海明子訳（2008）『ワークブック アトウッド博士の〈感情を見つけにいこう〉1 怒りのコントロール』明石書店

トニー・アトウッド、辻井正次監訳、東海明子訳（2008）『ワークブック アトウッド博士の〈感情を見つけにいこう〉2 不安のコントロール』明石書店

山田冨美雄（2014）「怒りのコントロールを教える——がまん教育だけでは心身に影響」『児童心理』994号、39-44ページ

Wood, J. J., & McLeod, B. D.（2008）. Child Anxiety Disorders: A Family-Based Treatment Manual for Practitioners. New York: Norton.

■監修者
辻井 正次（つじい・まさつぐ）
中京大学現代社会学部教授。専門は発達臨床心理学。発達障害児者の発達支援システムの開発、発達支援技法の開発・専門家養成などに取り組み、家族支援のプログラムや、幼児期の早期支援 JASPER の普及に務める。
NPO 法人アスペ・エルデの会の CEO・統括ディレクター。日本発達障害ネットワーク理事。日本小児精神神経学会理事。日本発達障害学会評議員。厚生労働省、文部科学省、内閣府などで発達障害関連の施策にかかわる各種委員も務める。

■編者
NPO 法人アスペ・エルデの会
1992 年より活動を開始し、2002 年法人化。発達障害者の「発達支援」「社会的自立支援」を目的に、子ども、親、専門家で組織している。子どものための発達支援ができるような場を作りたい、という親たちの動きが中核になって生まれた。専門家が多数加わり、活動の専門性を維持・発展させている。発達支援にかかわるスタッフの養成、支援に必要な専門性を高めていく調査研究機関としての機能をもつ。支援の場、自助会、専門家養成、啓発、情報発信、研究機関を統合した「生涯発達援助システム」をめざす。
http://www.as-japan.jp

■執筆者
明翫 光宜（みょうがん・みつのり）中京大学心理学部教授
飯田 愛（いいだ・あい）特定医療法人共和会 共和病院診療部
小倉 正義（おぐら・まさよし）鳴門教育大学大学院 学校教育研究科教授

■編集協力　塚越小枝子
■イラスト　しおざき忍
■装丁・本文デザイン　椎原由美子（シー・オーツーデザイン）
■組版　合同出版制作室

---

6 歳児から使えるワークブック①
発達障害の子の気持ちのコントロール

2018 年 5 月 10 日　第 1 刷発行
2024 年 7 月 10 日　第 5 刷発行

監　　修　辻井正次
編　　者　NPO 法人アスペ・エルデの会
著　　者　明翫光宜＋飯田愛＋小倉正義
発 行 者　坂上美樹
発 行 所　合同出版株式会社
　　　　　東京都小金井市関野町 1-6-10
　　　　　郵便番号 184-0001
　　　　　電話 042（401）2930
　　　　　ＵＲＬ https://www.godo-shuppan.co.jp
　　　　　振替 00180-9-65422
印刷・製本　株式会社シナノ

■刊行図書リストを無料送呈いたします。　■落丁乱丁の際はお取り換えいたします。
本書を無断で複写・転訳載することは、法律で認められている場合を除き、著作権及び出版社の権利の侵害になりますので、その場合にはあらかじめ小社あてに許諾を求めてください。
ISBN978-4-7726-1322-4　NDC378　257 × 182
© NPO 法人 アスペ・エルデの会、2018